Unterbrechen von Nachrichtenanlagen

Unterbrechen
von Nachrichtenanlagen

Bibliographische Informationen der Deutschen Nationalbibliothek

Die Deutsche Nationalbibliothek verzeichnet diese Publikation in der Deutschen Nationalbibliographie; detaillierte bibliographische Daten sind im Internet über d.b.d-nb.de abrufbar.

1. Auflage 2018

Herstellung und Verlag: BoD- Books on Demand, Norderstedt

ISBN: 978-3-7528-5000-0

Stoffgliederung.

	Ziffer	Seite
Allgemeines	1—10	9—10
Leichtere Unterbrechungen von Nachrichtenanlagen		
I. Allgemeines	11—14	11
II. Leichtere Unterbrechungen von Leitungen	15—51	11
A. Freileitungen	16—35	11
I. Unterbrechen von Leitungsdrähten	17—27	12—17
1. Schneiden von Leitungen im Felde	17—20	12—13
2. Trennen von Schaltstellen	21—23	14—16
3. Trennen an Einführungen	24—27	16—17
II. Erden von Leitungen	28—30	18—19
1. Erden durch besonderen Erdungsdraht	28	18
2. Entfernen der Glimmerblättchen aus den Sicherungen	29	18
3. Erden am Spannungsschutz	30	19
III. Kurzschließen von Leitungen	31—34	19—21
1. Durch Verbinden aller Leitungen miteinander	31	19
2. Durch Hineinwerfen oder Einflechten von leitenden Teilen (Ketten, Drahtenden, Ästen usw.) in die Leitungen	32	20
3. Verwürgen eines Feldes	33	20
4. Durch Anbringen besonderer Kurzschlußdrähte	34	20—21
IV. Verschalten von Leitungen	35	21
B. Leichtere Unterbrechungen von Kabelleitungen	36—51	21—29
I. Erdkabel	38—47	22
1. Kabelsteine	38	22
2. Trennen des Kabels	39	22
3. Beseitigen, Fälschen oder vertauschen der Beschaltungsunterlagen	40	22—23
4. Unterbrechen an den Schaltstellen	41—47	23—28
II. Luftkabel	48—51	28—29
1. Trennen des Kabels	48	28
2. Unterbrechen an den Schaltstellen	49—50	28
3. Unterbrechen an der Pupinspule	51	29
III. Leichtere Unterbrechungen von Sprechstellen, Vermittlungen usw.		
Allgemeines	52—57	29—30
A. Leichtere Unterbrechungen von Sprechstellen	58—64	30—32
B. Leichtere Unterbrechungen von Hand- und Wählervermittlungen	65—71	32—37
I. Allgemeines	65	32—33
II. Leichtere Unterbrechung von Fernsprechvermittlungen (Hand- und Wählervermittlungen)	66—69	34—37
1. Unterbrechen in der Kabelabschlußmuffe	66	34
2. Unterbrechen des Aufteilungskabels	67	34
3. Unterbrechen der Leitungen an dem Hauptverteiler	68	35
4. Leichtere Unterbrechungen im Betriebsraum	69	36—37
III. Unterbrechen von Fernschreibvermittlungen	70—71	37

	Ziffer	Seite
C. Leichtere Unterbrechungen von Verstärkerämtern	72—77	38—42
1. Entfernen der Sicherungen am Sicherungsgestell	73	39—40
2. Herausziehen der Trennbügel an den Trennenvorschlüssen	74	41
3. Entfernen der Schaltdrähte an den Verteilergestellen	75	41
4. Entfernen der Ruffätze an den Verstärkergestellen	76	41
5. Entfernen der Verstärkerröhren	77	41—42
D. Leichtere Unterbrechungen von Telegrafenämtern	78—83	43—45
1. Entfernen der Schaltdrähte am Hauptverteiler	79	43
2. Entfernen der Sicherungen am Spannungsverzweiger und Sicherungsgestell	80	44
3. Entfernen der Schnüre an dem Klinken- (Haupt-, Gruppen-) Umschalter	81	45
4. Entfernen der Schnüre am Anrufschrank	82	45
5. Sicherstellen der Telegrafenapparate	83	45
IV. Leichtere Unterbrechungen von Stromversorgungsanlagen	84	46—48
a) Herausnehmen der Sicherungen	84	46
b) Entfernen der Widerstände	84	46
c) Entfernen der Glaskolben aus den Gleichrichtern	84	46
d) Abnehmen der Kohlenbürsten und Bürstenhalter von den Ruffignalmaschinen und Ladeumformern	84	47
e) Ausbauen einzelner Schaltteile	84	47
f) Unterbrechen der Sammler.	84	47
V. Leichtere Unterbrechungen von Funkanlagen		
A. Allgemeines	85—86	48—49
B. Leichtere Unterbrechungen von Funkstellen	87—91	50—52
1. Entfernen der Röhren	87	50
2. Entfernen der Motoren, Röhren, Drehspulen und Relaissätze bei Hilfsapparaten (Maschinengeber, Morsebildschreiber)	88	50
3. Entfernen der Sicherungen und Anschlußkabel	89	51
4. Verstimmen der Neutralisationskondensatoren in den Verstärkerstufen	90	51
5. Verstellen der Gleichlaufeinrichtung mehrerer Schwungkreise	91	52
C. Leichtere Unterbrechungen des Funktelegrafenbetriebes	92	52
1. Im Telegrafenamt		
2. An der Sendestation		
3. An der Empfangsstation.		
D. Leichtere Unterbrechungen von Funkverteilungsanlagen (Drahtfunk)	93—94	53—54
1. Unterbrechen des Drahtfunksenders	93	53
2. Unterbrechen des Verteilungsnetzes	94	53—54
a) Unterbrechen der Leitungen		
b) Einbauen von Sperren		
c) Unterbrechen der elektrischen Weichen.		
Gründliche Unterbrechung (Zerstören) von Nachrichtenanlagen		
I. Allgemeines	95—98	55
II. Zerstören von Leitungen	99—121	55—63

	Ziffer	Seite
A. Freileitungen	100—114	55—61
I. Abbau der Linienzüge	100—101	55—56
1. Abbauen der Drähte	100	55—56
2. Abbauen der Stangen	101	56
II. Vernichten der Linienzüge	102—114	56—61
1. Umlegen des Gestänges	103—112	57—60
2. Zerschlagen der Isolatoren	113	60
3. Zerschneiden der Querträger	114	61
B. Kabelleitungen	115—121	61—63
I. Abbau von Kabellinien	115	61
II. Gründliche Unterbrechung (Zerstören) von Kabellinien	116—121	61—63
1. Zerstören von Kabeln	116—119	61—62
2. Zerstören an Einführungen	120	63
3. Zerstören an den Druckluftstutzen	121	63
III. Gründliche Unterbrechung (Zerstören) von Sprechstellen, Vermittlungen usw.		
A. Zerstören von Sprechstellen	122	64
B. Zerstören von Vermittlungen	123—126	64—65
I. Allgemeines	123	64
II. Zerstören der Kernstücke	124	64
III. Zerstören der Betriebseinrichtungen	125	64
IV. Zerstören der Fernschreibvermittlungen	126	65
C. Zerstören von Verstärkerämtern	127	65
D. Zerstören von Telegrafenämtern	128	65
E. Zerstören von Funkanlagen	129	65

Allgemeines.

1. Nachrichtenanlagen werden unterbrochen, um ihre Benutzung durch den Feind zu erschweren oder zu verhindern, oder um den Verkehr im eigenen Operationsbereich in nicht gewünschter Richtung zu unterbinden.

2. Nachrichtenanlagen werden **gründlich unterbrochen (zerstört)** durch Vernichten ober- oder unterirdischer Leitungen oder der technischen Einrichtungen von Vermittlungsstellen, Telegrafenanlagen, Verstärkereinrichtungen und der Funkanlagen sowie deren Stromquellen. Ein Wiederverwenden solcher Anlagen ist meist ausgeschlossen. Zum mindesten bedarf es zeitraubender und schwieriger Arbeiten, denen in der Regel ein Neubau vorzuziehen ist.

Gründliche Unterbrechungen von Nachrichtenanlagen dürfen nur nach Bestimmung der Heeresleitung, des Führers einer Armee (Heeresgruppe) oder des selbständigen Führers eines Armee- (Kavallerie-) Korps und einer Division erfolgen.

3. Bei **leichteren Unterbrechungen** werden Störungen so angebracht, daß die unterbrochenen Anlagen in kurzer Zeit mit feldmäßigen Mitteln wieder hergestellt und durch Einsetzen entfernter oder aus Vorrat ersetzbarer Teile oder behelfsmäßiger Ersatzteile wieder betriebsfähig gemacht werden können.

Die **leichtere Unterbrechung** von Nachrichtenanlagen kann jeder Truppenbefehlshaber selbständig anordnen, soweit nicht übergeordnete Führer eine andere Regelung getroffen haben. Die anordnenden Führer tragen für Ausführen wie Unterlassen die Verantwortung und geben bestimmte schriftliche Weisungen.

Leichtere Unterbrechung von Nachrichtenanlagen ist dort, wo es die eigene Sicherheit verlangt, auszuführen. In der Regel ist das Unterbrechen im eigenen Operationsbereich beim Vormarsch zu vermeiden, beim Stillstand gestattet, beim Rückzug geboten und im Operationsbereich des Feindes stets zu versuchen.

4. Unterbrechen von Nachrichtenanlagen ist im allgemeinen Aufgabe der Nachrichtentruppe. Auch Truppennachrichtenverbände und Hilfskräfte aus der Truppe müssen oft hierzu eingesetzt werden, für größere Zerstörungen auch Pioniere. Umfangreiche Aufgaben werden zweckmäßig durch besonders zusammengestellte Einheiten durchgeführt. Personal der DRP bzw. DR ist heranzuziehen, wenn im eigenen Lande Anlagen der DRP oder der DR zu unterbrechen sind, soweit es nicht auf Grund besonderer Anordnungen durch die DRP bzw. DR selbst auszuführen ist.

5. Unterbrechen von Nachrichtenanlagen, auch schon in kleinerem Umfange, kostet viel Zeit, Kräfte und Mittel. Es kann nur rechtzeitig und wirksam durchgeführt werden, wenn der Befehl hierzu frühzeitig gegeben wird.

Zeit, Ort und Art haben die anordnenden Führer ihrer vorgesetzten Dienststelle zu melden und, soweit ein noch vorhandener Betrieb gestört wird, der für diesen zuständigen Stelle vorher mitzuteilen.

6. Die Anordnungen für die Durchführung von Unterbrechungen müssen in der Regel enthalten:

Zweck, Art und Umfang der Unterbrechung,

die zu seiner Durchführung angesetzten Kräfte und Mittel,

Beginn und Beendigung der Arbeiten, unter Umständen die Reihenfolge,

gegebenenfalls durch wen die Arbeiten zu sichern sind,

ob und welche Verbindungen zunächst aufrechtzuerhalten und auf wessen Befehl sie zu unterbrechen oder zu zerstören sind,

Bestimmungen über Zurückführen von Gerät, Sammelplatz.

7. Jede Unterbrechung von Nachrichtenanlagen muß vorher eingehend **erkundet** werden. Planlosigkeit und mangelnde Erkundung können der eigenen Sache mehr schaden als dem Feind.

Die gründlichste Unterbrechung einer Postleitung ist wertlos, wenn sie der Feind auf einer unversehrten Verbindung eines anderen Betriebes (Kraftwerk, Eisenbahnleitungen und Schienen, besonders auf Holzschwellen verlegte) umgehen kann! Starkstromleitungen mit ihrem großen Querschnitt der einzelnen Leitungszweige bieten eine sehr gute Ausnutzungsmöglichkeit für den Nachrichtenverkehr!

8. Für den **Umfang** und die **Art** der Ausführung sind eigene Absicht, Lage und die zur Verfügung stehende Zeit und Kräfte maßgebend. Das Unterbrechen von Nachrichtenanlagen wird um so wirksamer, je mehr es nach Breite und Tiefe durchgeführt ist und je mehr Kräfte und Mittel für die Instandsetzung eingesetzt werden müssen.

Anzustreben ist stets zunächst den wichtigsten Teil einer Anlage, ohne den ein Betrieb unmöglich ist, außer Betrieb zu setzen. Hierdurch kann unnötige Arbeit gespart werden. Anhaltspunkte geben die technischen Betriebsunterlagen. Verhältnismäßig schnell wird in einem großen Netz der Verkehr lahmgelegt, wenn die Vermittlungseinrichtungen unterbrochen oder zerstört werden. Andererseits ist aber zu bedenken, daß für den Feind die Kabel- und Linienzüge der Fernleitungen wertvoller sind als die Vermittlungs- usw. Einrichtungen.

Wird das Gebiet dem Feind überlassen, so ist neben allen nachrichtentechnischen Maßnahmen besonders wirksam das Anbringen versteckter Sprengladungen, die beim Betreten oder Durchprüfen von Nachrichtenanlagen gezündet werden. Auch schon Hinweise auf solche Gefahren erzeugen Unsicherheit und verzögern jede Wiederherstellungsarbeit erheblich.

9. **Vorbereitende Maßnahmen** setzen die für das Unterbrechen notwendigen Zeiten wesentlich herab. Solche Maßnahmen sind:

    a) Erkunden, welche Möglichkeiten für Unterbrechungen gegeben sind und an welcher Stelle,

    b) Aufstellen eines Planes, wo und welche Maßnahmen auszuführen sind. Aufteilen nach der Dringlichkeit und der für die einzelnen Arbeiten erforderlichen Kräfte und — soweit möglich — Angabe des Zeitbedarfs.

    c) Bereitstellen des für das Unterbrechen erforderlichen Geräts, möglichst an Ort und Stelle.

    d) Ausführen der erforderlichen Arbeiten so weit, daß nur noch ein letzter Handgriff notwendig ist. z. B.

        Vorbereitungen zum Anbringen von Sprengladungen an Gestängen, Kabeln, Vermittlungen usw;

        Anbringen von Streben oder Ankern an Unterbrechungsstellen der Leitungen;

        Anbringen von Kurzschluß- und Erdungsdrähten bis auf den Anschluß an die Leitungen.

    e) Abbau des entbehrlichen Materials, gegebenenfalls Einschränken des Verkehrs.

    f) Sicherstellen des Abtransportes oder der Beseitigung abgebauten Geräts.

10. Nachstehend sind die wesentlichsten Arbeiten für das Unterbrechen von Nachrichtenanlagen aufgeführt. Aus örtlich gegebenen Verhältnissen heraus können andere Maßnahmen zweckmäßig sein. Jede andere Maßnahme im Rahmen des Auftrages ist nicht nur berechtigt, sondern auch erwünscht. Der Erfolg ist entscheidend.

Leichtere Unterbrechungen von Nachrichtenanlagen.

I. Allgemeines.

11. Umfang und Art der leichteren Unterbrechungen richten sich nach dem zu erreichenden Zweck.

12. Zur **Sicherung im eigenen Operationsbereich** wird man meist mit den einfachsten Mitteln auskommen. Oft wird **eine** leichtere Unterbrechungsart und **eine** leichtere Unterbrechung genügen. Notwendig ist immer, die ausgeführten Unterbrechungen ständig zu überwachen.

13. **Leichtere Unterbrechungen der dem Feind überlassenen Anlagen** erfüllen ihren Zweck nur, wenn

a) viele kleine Störungen angebracht sind; sie wirken mehr als wenig große;

b) möglichst verschiedenartig leichtere Unterbrechungen ausgeführt werden; je mannigfaltiger die Störungen sind, desto vielgestaltiger muß das Aufsuchen sein;

c) die leichteren Unterbrechungen an wenig übersichtlichen und schwer zugänglichen Stellen an= gebracht sind. Das Auffinden ist um so zeitraubender;

d) versteckte Fehler eingebaut werden, die als solche nicht ohne weiteres erkennbar sind und die Un= versehrtheit der Anlage vortäuschen.

e) die Betriebsunterlagen entfernt und für Wiederverwendung sichergestellt werden.

Zu erwägen ist immer, ob Einrichtungen zum Abhören des feindlichen Nachrichtenverkehrs getroffen werden können oder sollen.

14. Von leichteren Unterbrechungen solcher Anlagen, mit deren Wiederverwendung durch die eigene Truppe oder die eigenen Behörden (DRP bzw. DR) in absehbarer Zeit zu rechnen ist, wird zweckmäßig eine Übersicht aufgestellt, durch die das Wiederauffinden der Störungen und damit ihr Beseitigen erleichtert wird.

II. Leichtere Unterbrechungen von Leitungen.

15. Von Bedeutung sind meist nur die Anlagen für den Fernverkehr; Nahverkehrsanlagen nur dann, wenn sie unmittelbar an den Grenzen des eigenen und feindlichen Operationsbereich liegen (Abhörgefahr) oder, wenn sie über den Ortsrand hinausgehend, für einen Fernverkehr nutzbar gemacht werden können.

16.

A. Freileitungen.

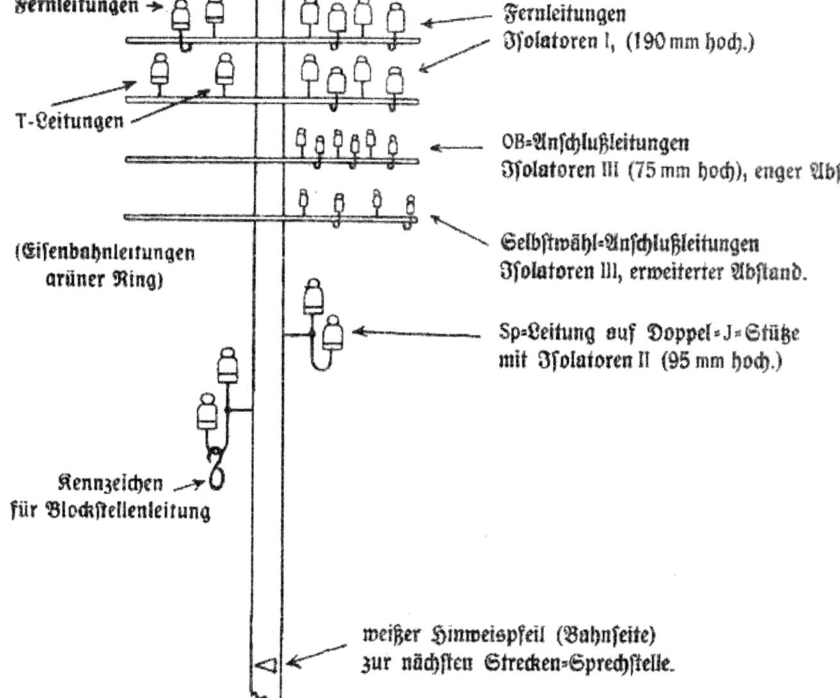

Bild 1. Beispiel für Freileitungsgestänge.

I. Unterbrechen von Leitungsdrähten.

1. Schneiden von Leitungen im Felde.

17. a) Herausschneiden eines ganzen Feldes.

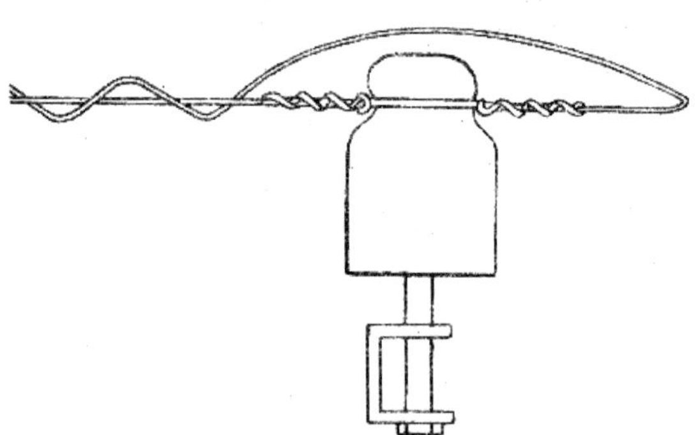

Bild 2. Festlegen von Drähten.

Die Drähte werden einzeln von der Stange aus in Reichweite geschnitten und nach Bild 2 gegen Durchrutschen festgelegt. Wechsel beim Schneiden zwischen Straßen- und Feldseite ist notwendig, um ein Drehen des Querträgers oder der Stange zu verhindern. Die herausgeschnittenen Drähte sind zu beseitigen und dürfen nicht auf der Erde liegenbleiben.

Das Gestänge muß vor dem Herausschneiden durch Anker oder Streben (Bild 3a und 3b) gegen Umfallen gesichert werden. Diese sind möglichst hoch an der Stange anzubringen.

Zweckmäßig wird ein Feld daher nur herausgeschnitten, wo bereits wenigstens an einer Stange eine Strebe oder ein Anker vorhanden ist. Behelfsmäßig werden Streben aus von Drähten frei gemachten Stangen, Anker aus herausgeschnittenen Drähten gewonnen.

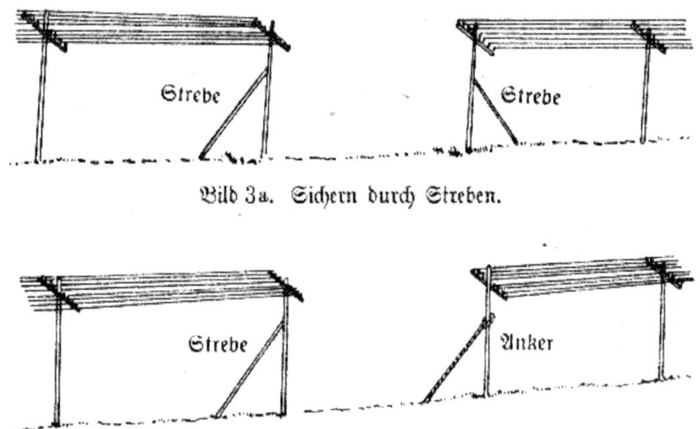

Bild 3a. Sichern durch Streben.

Bild 3b. Sichern durch Strebe und Anker.

18. b) Staffelweises Herausschneiden eines Feldes.

Hierbei wird der Zug auf mehrere Stangen verteilt. Es empfiehlt sich da, wo für das Setzen von Anker und Strebe keine Zeit oder kein Gerät vorhanden ist, bei morschen Stangen oder überlasteten Gestängen. Ausführung wie Ziffer 17.

Mit dem Herausschneiden der Drähte ist an der Stange zu beginnen, an der die wenigsten Drähte geschnitten werden, um Umbrechungen zu verhindern.

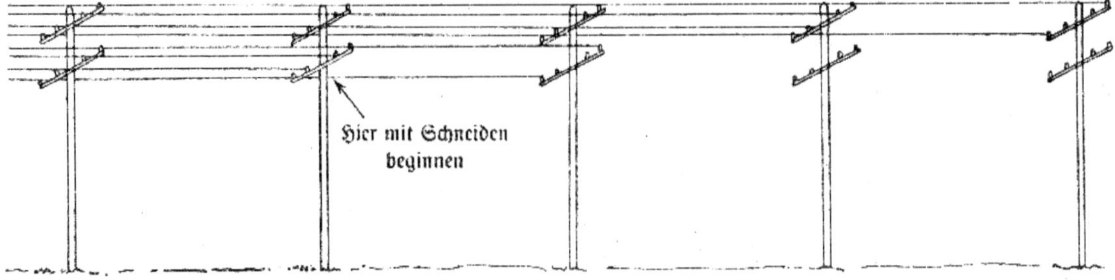

Bild 4. Staffelweises Herausschneiden.

19. Anzuwenden sind diese Unterbrechungen nach Ziffer 17 immer da, wo feindwärts führende Gestänge über die eigene vordere Linie hinausgehend gegen das feindliche Abhören abgeschirmt werden müssen. Wo der Schutz gegen Abhören und Übersprechen nicht ausschlaggebend ist, kann ein Sichern des Gestänges gegen Umfallen schneller nach Bild 5a und 5b erreicht werden. Nach Möglichkeit sind jedoch auch hier nichtleitende Teile zu verwenden.

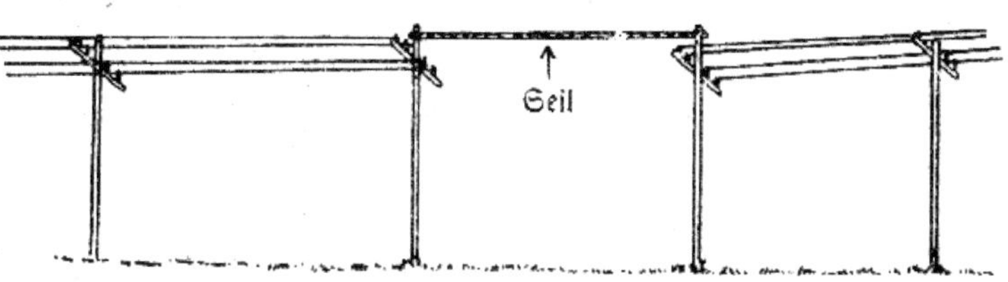

Bild 5a. Sichern des Gestänges mit einem Seil.

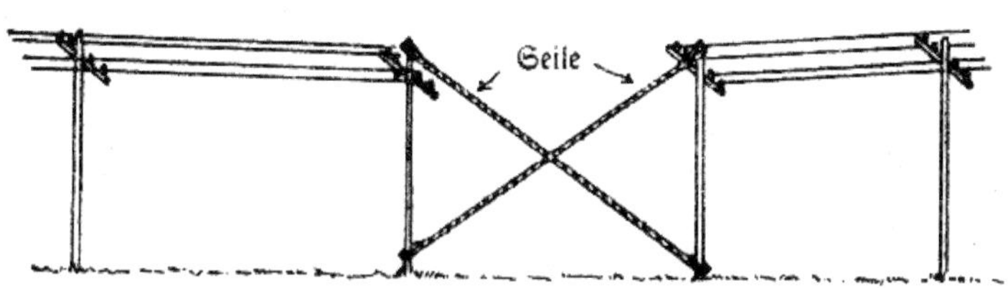

Bild 5b. Sichern des Gestänges mit zwei Seilen.

20. c) Isolieren der Leitung.

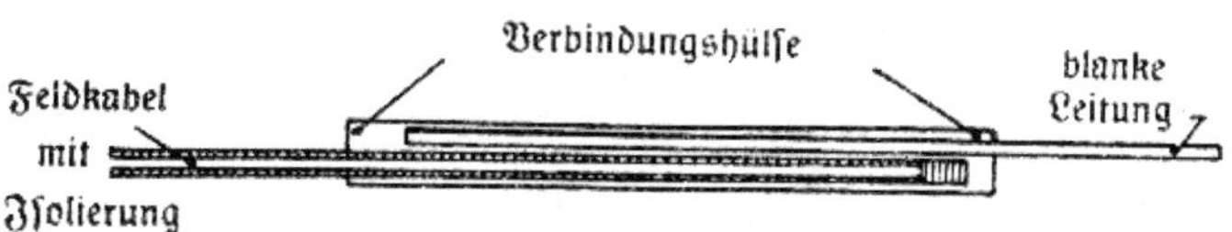

Bild 6a. Querschnitt der Verbindungshülse.

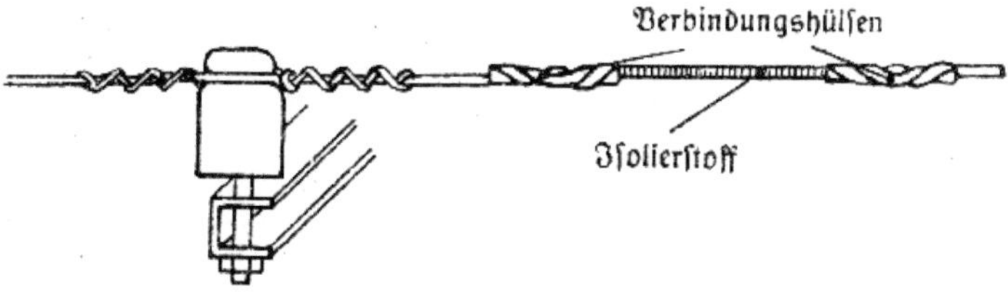

Bild 6b. Fertige Unterbrechungsstelle.

Ein Stück Leitungsdraht wird herausgeschnitten und mit Hilfe von Verbindungshülsen durch ein Isolierstück ersetzt, so daß der Eindruck einer Flickstelle entsteht (Bild 6a und 6b). Hierzu eignen sich je nach der Drahtstärke auch leichtes oder schweres Feldkabel, das mit der Isolierung in die Verbindungshülsen eingedreht wird.

2. Trennen von Schaltstellen.

21. a) **An Untersuchungsstellen.**

Die Untersuchungsklemme wird gelöst, das freie Drahtende herausgezogen. Das Auffinden der Störung wird erschwert, wenn das freie Leitungsende oder beide Drähte mit Isolierstoff (Papier, Isolierband, Zaponlack u. dgl.) versehen wieder in die Untersuchungsklemme eingesetzt werden.

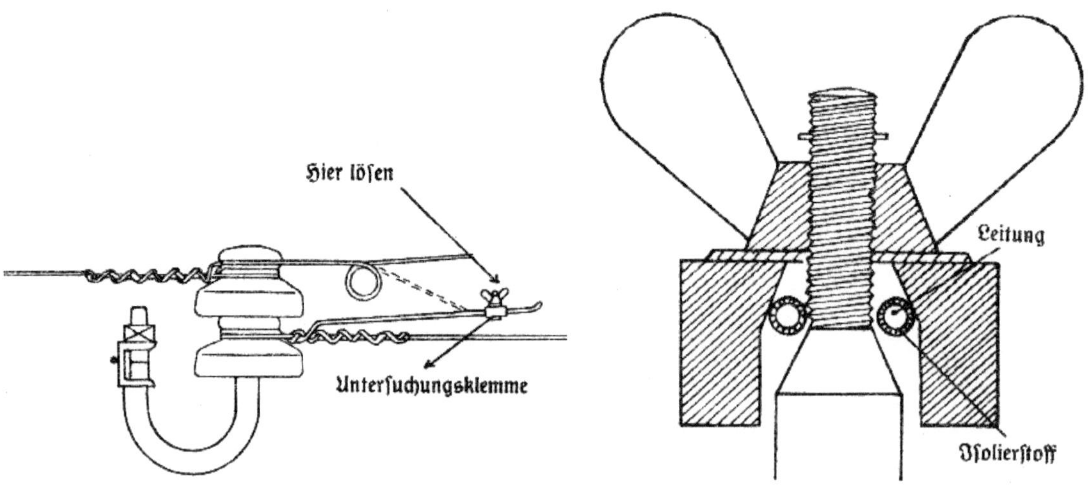

Bild 7a. Untersuchungsstelle.　　　Bild 7b. Untersuchungsklemme.

22. b) **An Kreuzungen**

Die Verbindungsdrähte zwischen den Isolatoren werden durchgeschnitten oder ganz entfernt oder durch Isolierstoff von ähnlichem Aussehen ersetzt (Bild 8a bis 8c).

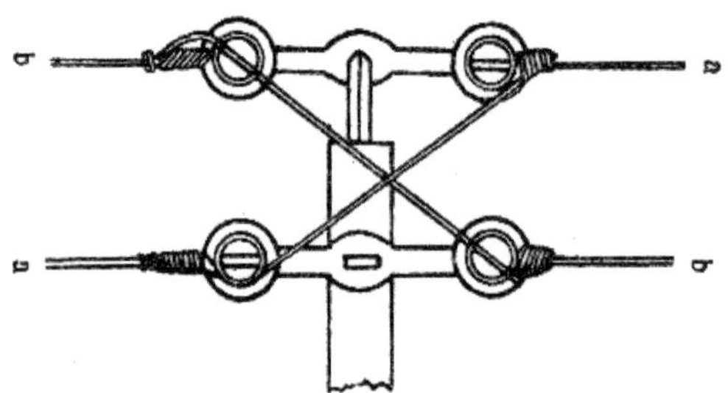

Bild 8a. Kreuzung alter Art.

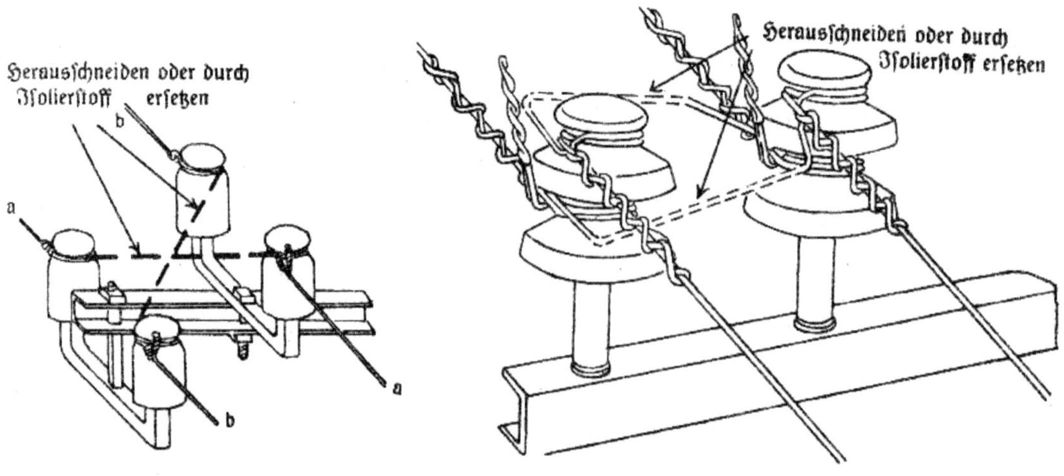

Bild 8b. Kreuzung alter Art.　　　Bild 8c. Kreuzung neuer Art.

23. c) Am Platzwechsel.

Unterbrechungen am Platzwechsel werden wie bei Kreuzungen durchgeführt. (Ziffer 22.)

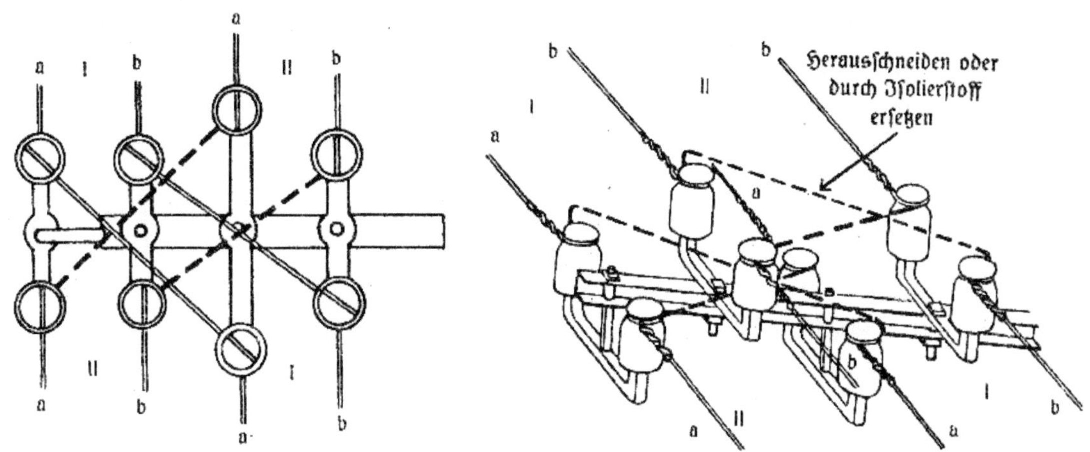

Bild 9a und b. Platzwechsel alter Art auf U-Stützen.

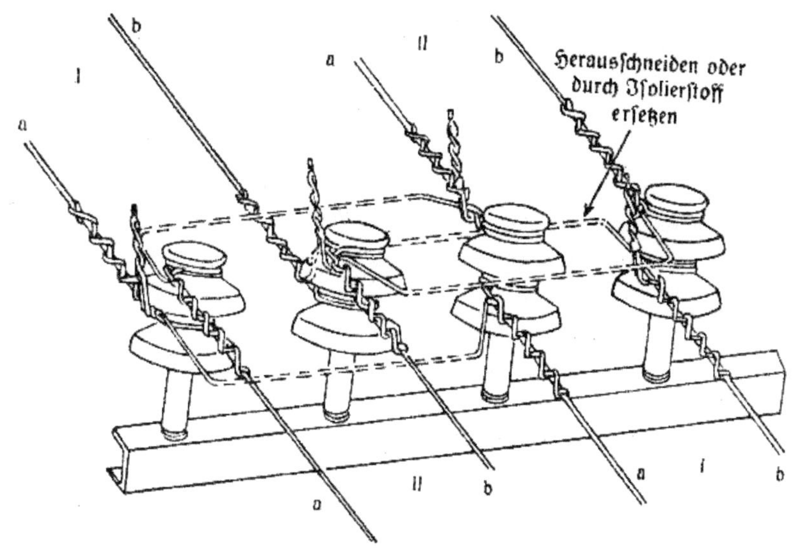

Bild 9c. Platzwechsel neuer Art auf geraden Stützen mit doppeltem Halslager.

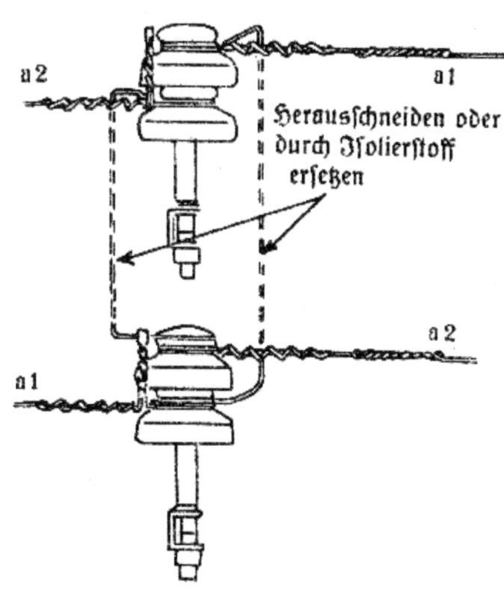

Bild 9d. Platzwechsel vom oberen zum unteren Querträger.

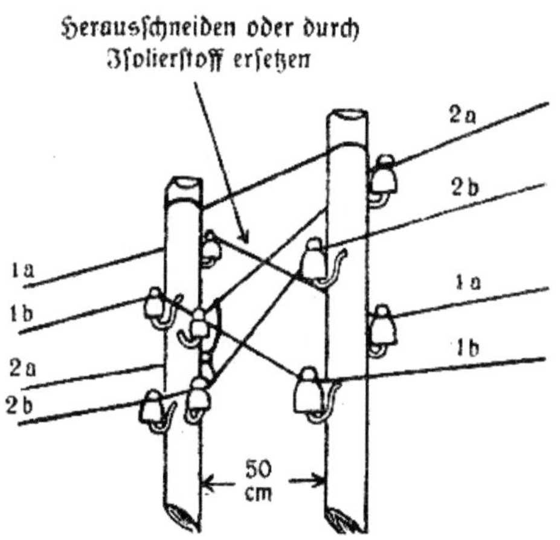

Bild 9e. Platzwechsel bei Feldbauerlinienbau.

Bei Plaßwechſel nach Bild 9f iſt nur ein Unterbrechen durch Herausſchneiden von Drähten (vgl. Ziffer 17 ff.) möglich.

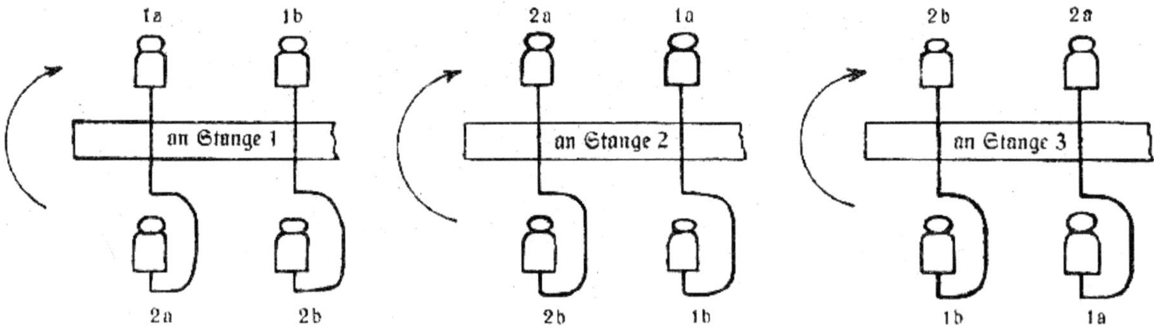

Bild 9f. Fortlaufender Plaßwechſel nach Art einer Sternverteilung.

3 Trennen an Einführungen.

24. a) Schneiden des Einführungskabels am Querträger.

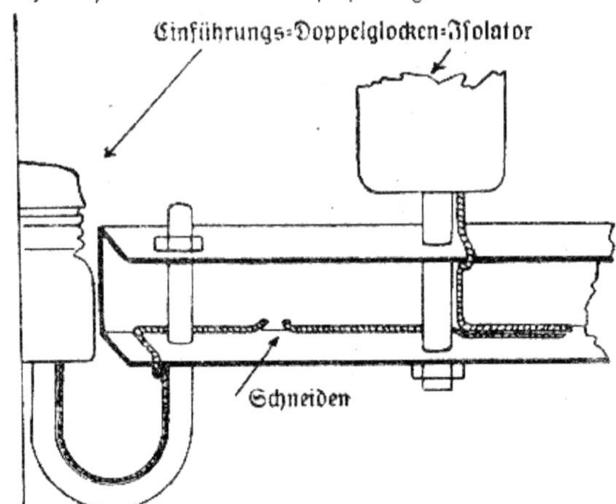

Bild 10. Schneiden am Querträger.

Iſt Zeit vorhanden, wird die Trennſtelle nach Zurückdrücken der Kabelſeele wieder an= einandergelegt und der Schnitt unkenntlich gemacht.

25. b) Schneiden des Kabels im Einführungsdoppelglockeniſolator.

Die Verſchlußkappe wird abgeſchraubt, die Vergußmaſſe ſo weit entfernt, bis das Kabel freiliegt und geſchnitten werden kann. Die Verſchlußkappe wird wieder aufgeſchraubt.

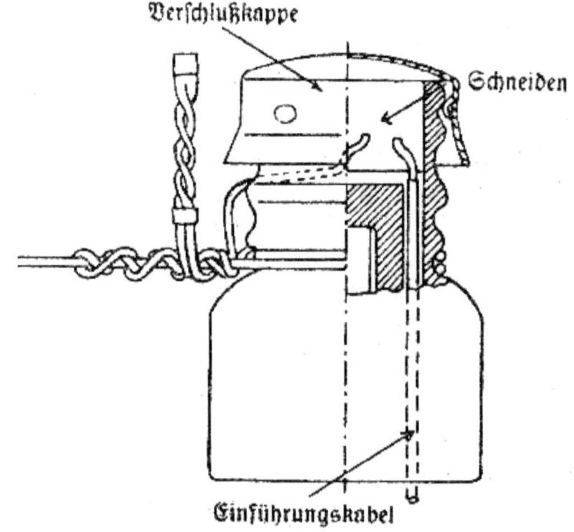

Bild 11. Schneiden in der Einführungsdoppelglocke.

Der Fehler iſt ſchwer zu finden, wenn die herausgenommene Vergußmaſſe wieder erneuert und über das geſchnittene Kabel gegoſſen wird.

26. c) Schneiden des Kabels an der Einführung.

Das Kabel wird möglichst weit aus der Einführungspfeife herausgezogen und geschnitten, die Enden werden wieder zurückgeschoben. Zusätzlich kann an der Untersuchungsklemme nach Ziffer 21 ein Fehler angebracht werden.

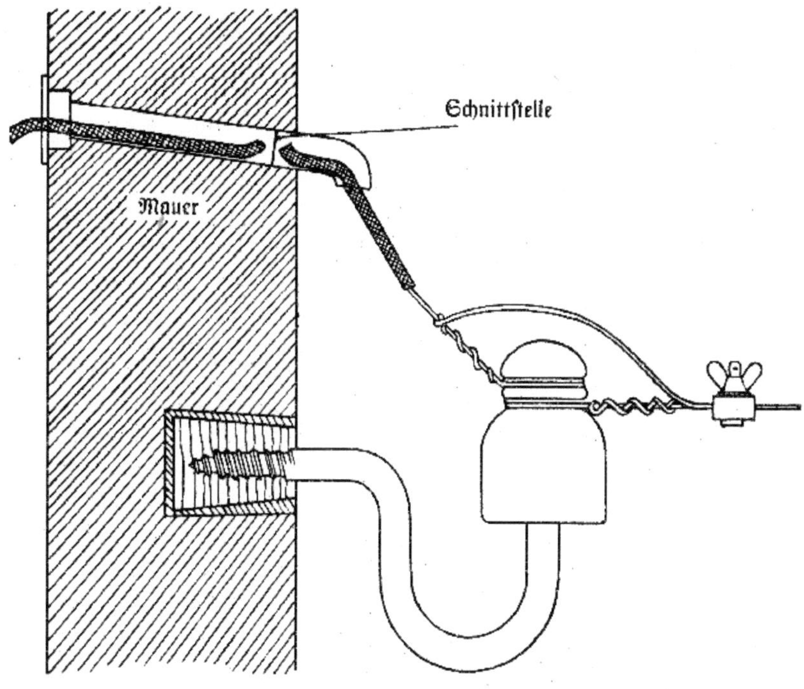

Bild 12. Schneiden in der Einführung.

27. d) Herausnehmen der Sicherung im Sicherungskästchen.

Nach Abnehmen der Schutzkappe des Sicherungskästchens an der Innenseite der Einführung wird die Grobsicherung (Glasröhrchen) entfernt oder durch eine durchgebrannte Sicherung ersetzt. Die Schutzkappe ist wieder aufzusetzen.

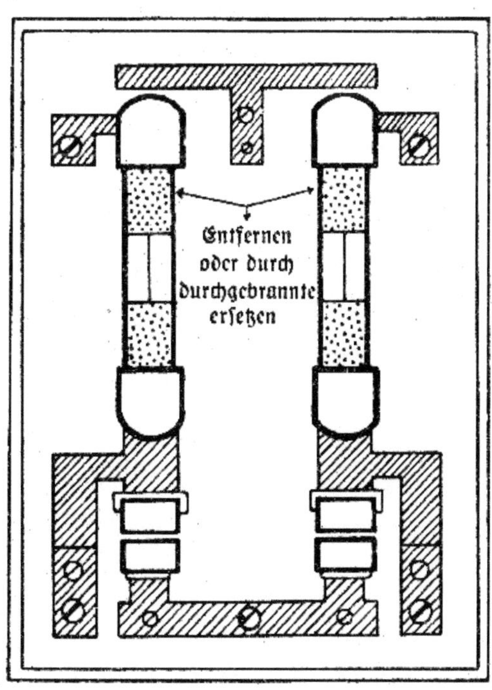

Bild 13. Sicherungskästchen offen.

II. Erden von Leitungen.

1. Erden durch besonderen Erdungsdraht.

28. Dünne, gutleitende Drähte, z. B. Kupferadern des Feldkabels, werden zur Verbindung von Leitung mit geerdeten Teilen (Blitzableiter, Ankerseile) angebracht oder bis zur Erde heruntergeführt. Sie müssen überall fest anliegen und an den Stangen möglichst in Rissen verlegt sein, um die Ableitung nicht sofort zu erkennen.

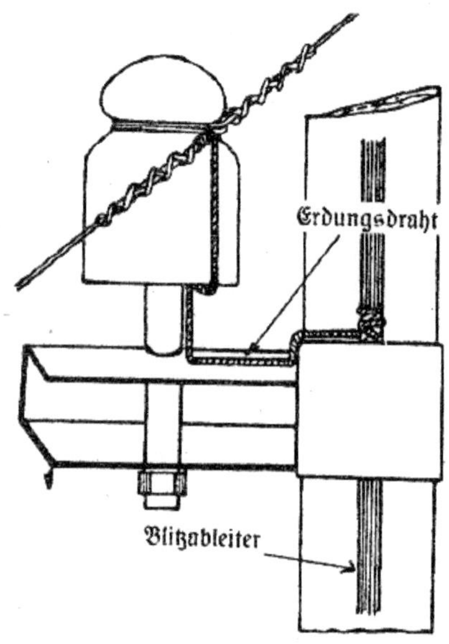

Bild 14. Erden am Blitzableiter.

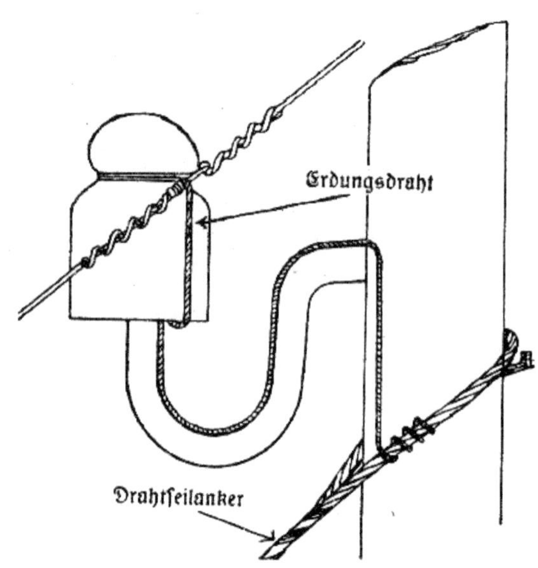

Bild 15. Erden am Drahtseilanker.

Zu beachten ist, daß die Anschlußstellen vorher blank gemacht werden und der Übergangswiderstand gegebenenfalls durch besondere Erdleitung, nicht zu groß wird.

2. Entfernen der Glimmerblättchen aus den Sicherungen.

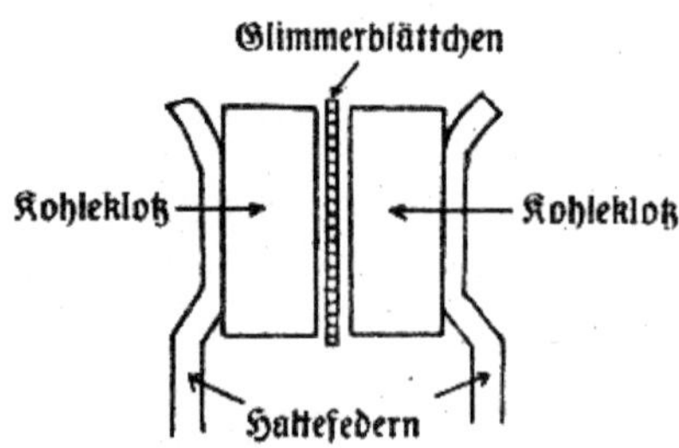

Bild 16. Erden an der Kohlesicherung.

29. Die Kohleklötzchen werden aus den Haltefedern herausgenommen, das zwischen den Klötzchen liegende Glimmerblättchen entfernt und die Kohleklötzchen wieder eingesetzt.

Der zur Sicherung gehörende Leitungszweig ist hierdurch geerdet.

3. Erden am Spannungsschutz.

30. An dem T-förmigen Spannungsschutz wird eine Verbindung mit den Anschlüssen der Grobsicherung

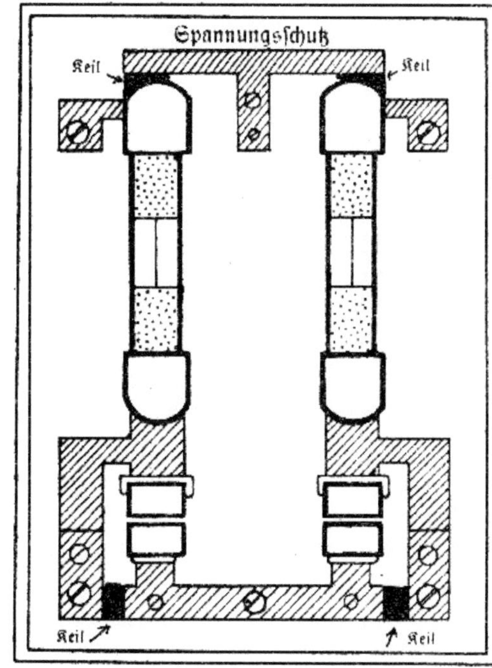

(Glasröhren) hergestellt. Durch diese Maßnahme ist der betreffende Leitungszweig geerdet.

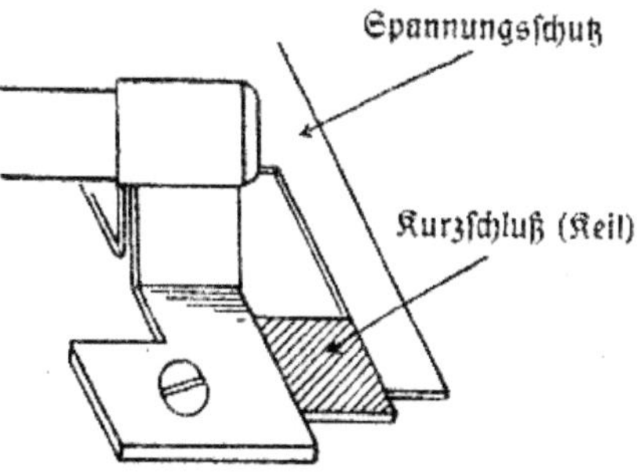

Bild 17a. Erden am Spannungsschutz des Feldsicherungskästchens.

Bild 17b. Anbringung des Kurzschlusses durch Keil.

III. Kurzschließen von Leitungen.

1. Durch Verbinden aller Leitungen miteinander.

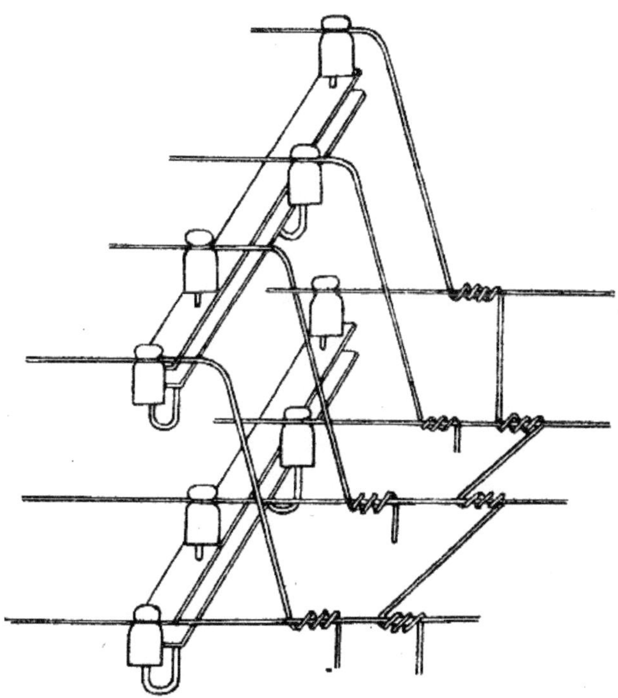

Bild 18. Verbinden aller Leitungen.

31. Die Leitungen des oberen Querträgers werden nach Ziffer 17 geschnitten und mit den Leitungen des unteren Querträgers verbunden.

Oxydierte Leitungen sind vorher blank zu machen.

2. Durch Hineinwerfen oder Einflechten von leitenden Teilen
(Ketten, Drahtenden, Äften ufw.) in die Leitungen.

32. Die Beseitigung der Störung wird erschwert, wenn die Störung in der Mitte des Feldes angebracht wird oder zu Spiralen gedrehte Drähte hineingeworfen werden.

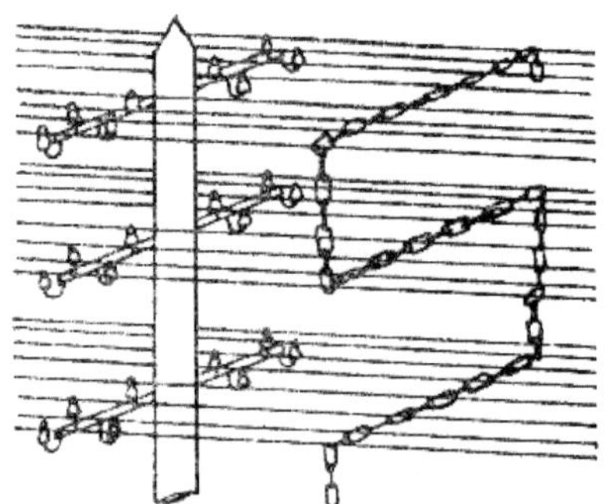

Bild 19a. Überwerfen einer Kette.

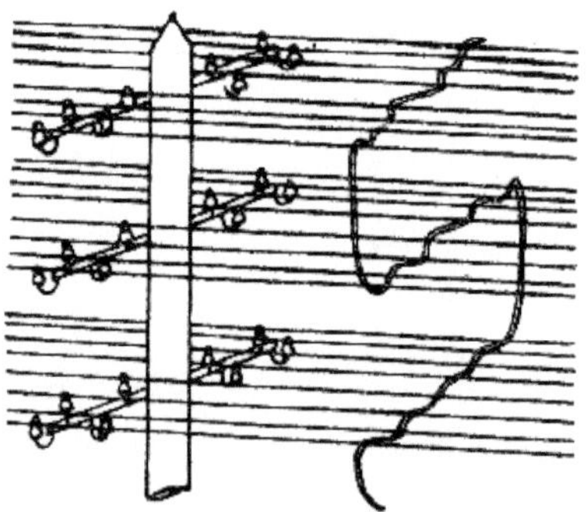

Bild 19b. Durchflechten eines Drahtstückes.

3. Verwürgen eines Feldes.

33. Leicht anzuwenden bei Leitungen auf Hakenstützen, also z. B. Feldbauerlinien. Zu beachten ist hierbei, daß die Drähte reißen, wenn sie mehr als zweimal zusammengedreht werden.

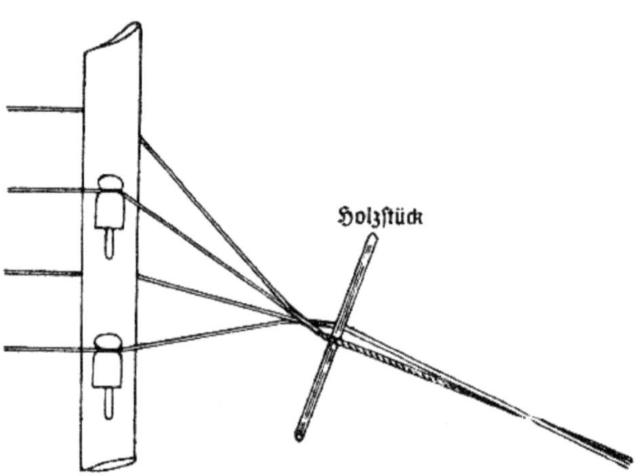

Bild 20. Verwürgen eines Feldes.

4. Durch Anbringen besonderer Kurzschlußdrähte.

34. Dünne Drähte sind wie beim Erden von Zweig zu Zweig so anzubringen, daß sie nicht ohne weiteres erkennbar sind.

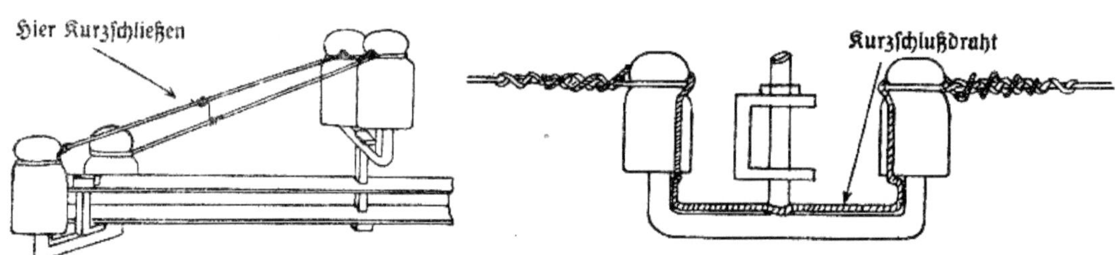

Bild 21a. Kurzschluß an Kreuzung oder
Platzwechsel alter Art.

Bild 21b. Kurzschluß an Kreuzung oder Platzwechsel alter Art
(weniger auffallend als Bild 21a).

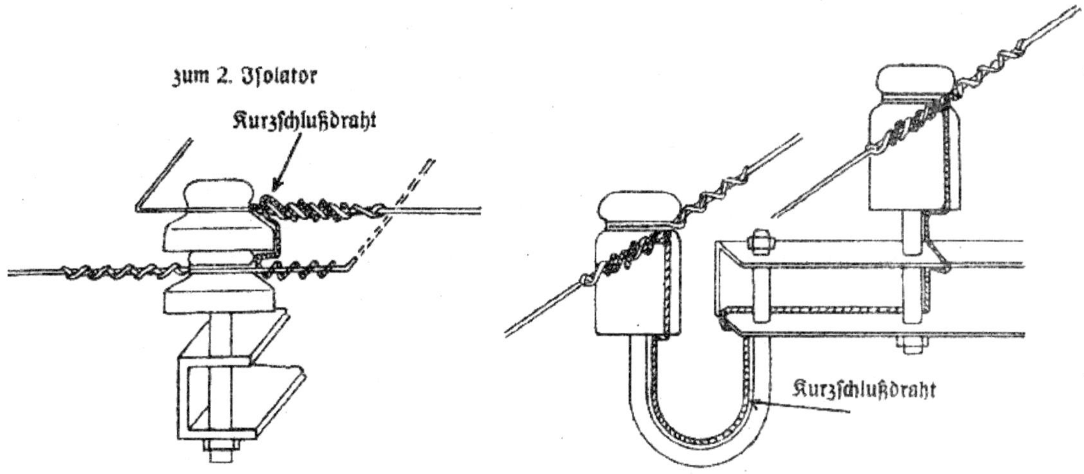

Bild 21 c. Kurzschluß an Kreuzung und Platzwechsel neuer Art.

Bild 21 d. Kurzschluß zwischen a- und b-Zweig einer Leitung oder zwischen den Zweigen zwei verschiedener Leitungen.

IV. Verschalten von Freileitungen.

35. Freileitungen können nur an Schaltstellen oder Einführungen verschaltet werden. Untersuchungsstellen werden zu Kreuzungen oder Platzwechsel, Kreuzungen zu Untersuchungsstellen oder Platzwechsel, Platzwechsel zu Untersuchungsstellen oder Kreuzungen umgeschaltet. Um das Finden des Fehlers zu erschweren, sind die am Querträger angebrachten Bezeichnungen zu entfernen oder zu vertauschen.

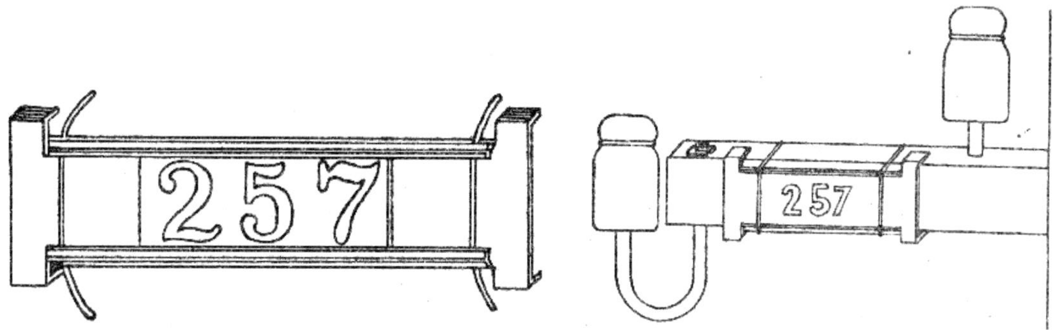

Bild 22 a. Bezeichnungsschild am Querträger.

Bild 22 b. Befestigung am Querträger.

B. Leichtere Unterbrechungen von Kabelleitungen.

36. In Kabeln ist eine große Zahl von Leitungen vereinigt. Durch die starke Zusammenfassung ist die Zahl der Kabellinien viel geringer als die der Freileitungen. Es können daher große Netze durch geringe Unterbrechungen empfindlich gestört werden. Bei allen Arbeiten ist zu beachten, daß der eigene Verkehr nicht mit getroffen wird.

Leichtere Unterbrechungen größerer durchgehender (besonders internationaler) Kabel dürfen nur mit Genehmigung der Heeresleitung ausgeführt werden. Stets ist zu prüfen, ob das Unterbrechen auf die Dauer nicht nachteiliger ist als der im Augenblick zu erreichende Vorteil.

37. Kabel sind gegen Eingriffe sehr empfindlich. Jede leichtere Unterbrechung an einem Kabel muß daher sachgemäß durchgeführt werden; sonst wird aus dem leichteren Unterbrechen sehr leicht ein Zerstören. Leichtere Unterbrechungen dürfen daher nur durch besonders hierzu vorgebildete und mit solchen Arbeiten vertraute Mannschaften vorgenommen werden.

I. Erdkabel.

1. Kabelsteine.

38. Der Verlauf des Kabels wird durch besondere Kabelsteine bezeichnet. Zum Auffinden des Kabels wird das Ausheben eines Suchgrabens quer zum vermutlichen Kabelverlauf (meist an großen Straßenzügen entlang) notwendig sein.

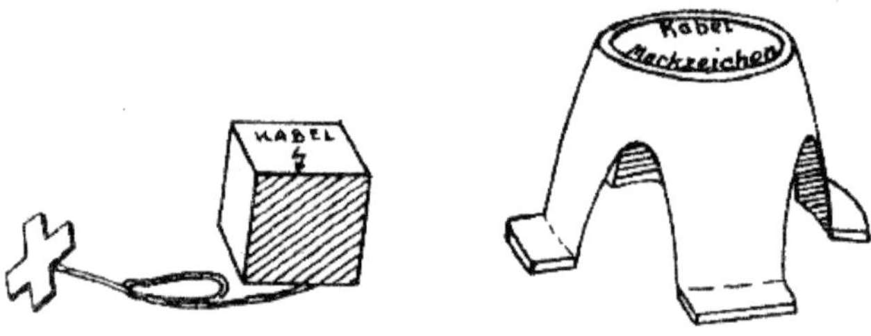

Bild 23. Kabelmerksteine.

2. Trennen des Kabels.

39. Das Kabel wird freigegraben und mit einer Eisensäge durchgesägt. Die Adern werden mit einem Holzhammer zurückgeklopft, so daß der Bleimantel übersteht. Der überstehende Bleimantel wird mit dem Holzhammer zusammengeklopft, bis die Öffnung nur noch einen schmalen Schlitz bildet, der verlötet wird. Wesentlich ist das sofortige Verlöten des Kabels, da es durch Eindringen auch schon geringer Feuchtigkeit zerstört wird. Sorgfältiges und sachgemäßes Arbeiten ist besonders wichtig. Die Trennstelle wird wieder zugeschüttet.

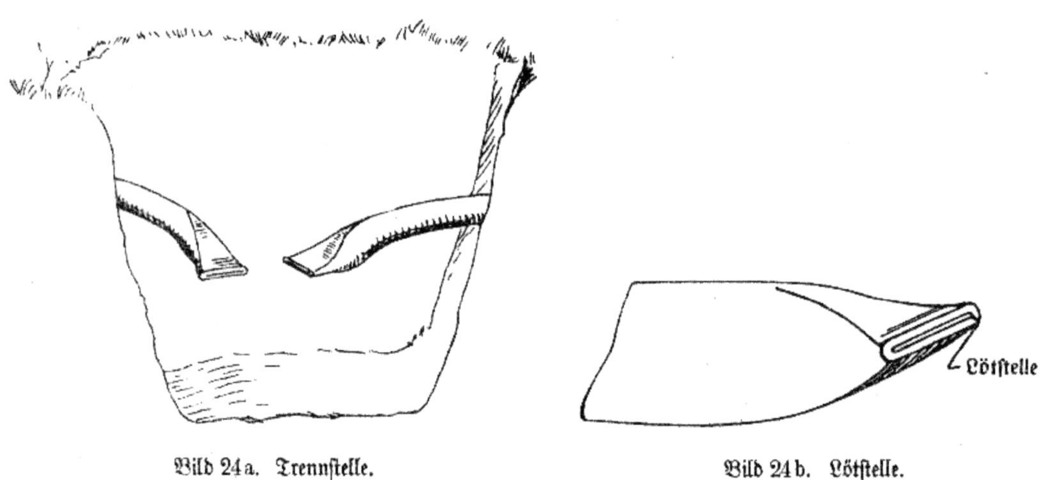

Bild 24a. Trennstelle.   Bild 24b. Lötstelle.

3. Beseitigen, Fälschen oder Vertauschen der Beschaltungsunterlagen.

40. Beseitigen, Fälschen oder Vertauschen der Beschaltungsunterlagen in den Schaltstellen ist die einfachste und schnellste Art, das Ausnutzen des Kabels zu verzögern. Meist wird nur ein zeitraubendes Ausklingeln zum Erfolg führen.

Solche Schaltstellen sind:

a) der Linienverzweiger (LV) Bild 25,

b) der Kabelverzweiger (KV) Bild 26,

c) der Endverzweiger (EV) Bild 27,

d) der Überführungsendverschluß (ÜEVs.) Bild 28.

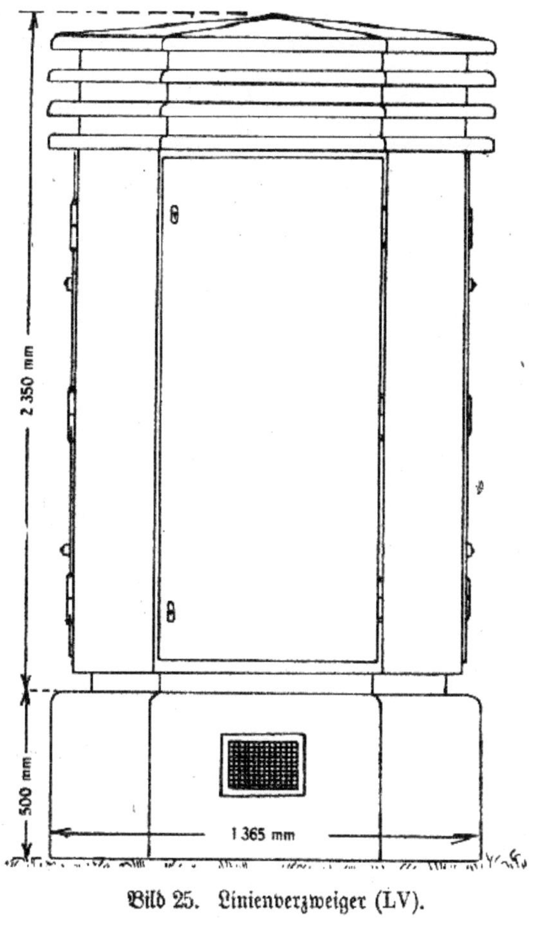

Bild 25. Linienverzweiger (LV).

Bild 26. Kabelverzweiger (KV).

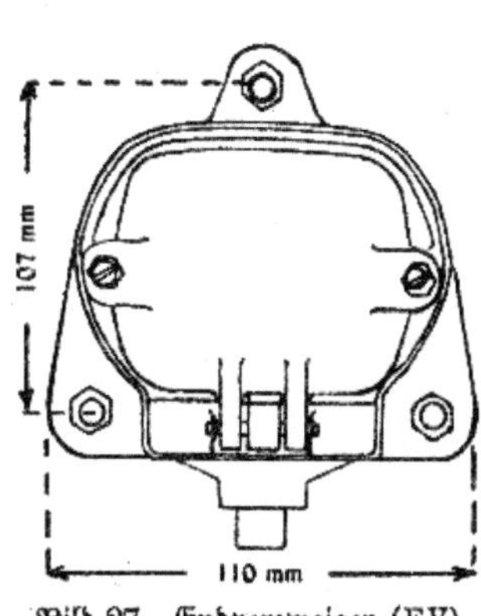

Bild 27. Endverzweiger (EV).

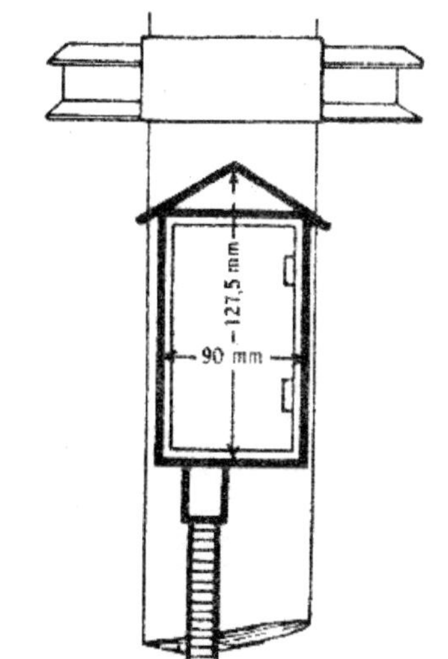

Bild 28. Überführungsendverschluß (ÜEVs).

4. Unterbrechen an den Schaltstellen.

41. Das Unterbrechen von Kabeln kann im allgemeinen nur an diesen Schaltstellen durchgeführt werden. Hier enden die Kabel in einem Vergußraum. In diesem sind die einzelnen Adern aufgeteilt und an Lötösen (Bild 35) angeschlossen. Im Schaltraum wird über Lötösen oder Klemmen die Verbindung weiter hergestellt:

> durch Schaltdraht mit einem anderen Kabel am Kabelendverschluß eines LV oder KV,
>
> durch Zuleitungskabel mit einer Vermittlung oder Teilnehmer am EV,
>
> durch Zuleitungskabel am Überführungsendverschluß mit Freileitung beim Übergang von Kabel zu Freileitungen.

Solche Unterbrechungen sind:

42. a) Schneiden der Schaltdrähte im Endverschluß
der LV oder KV.

Schnelle und wirksame Unterbrechung, zumal, wenn die ge-
schnittenen Drähte aus den Ringen herausgezogen und in andere
Richtung gebogen sowie die
Beschaltungsunterlagen entfernt
werden.

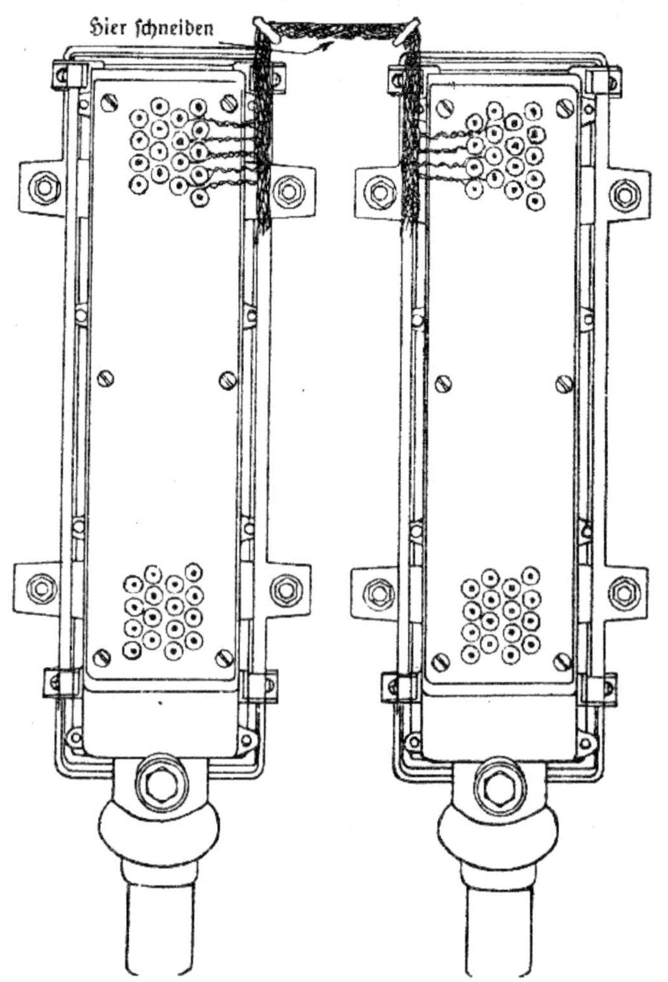

Bild 29. Beschaltung zweier Endverschlüsse.

43. b) Schneiden des Einführungskabels im EV oder ÜEVs.

Das Kabel ist in der Einführung aus dem EV oder
ÜEVs etwas herauszuziehen und nach dem Schneiden
wieder einzudrücken.

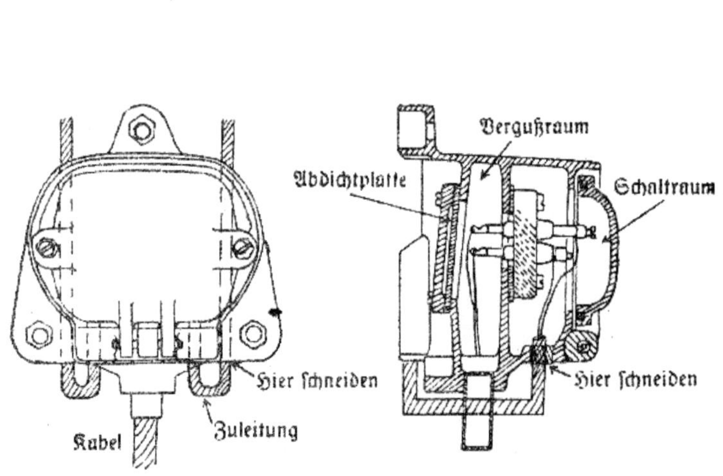

Bild 30. Schneiden des Einführungskabels im EV.

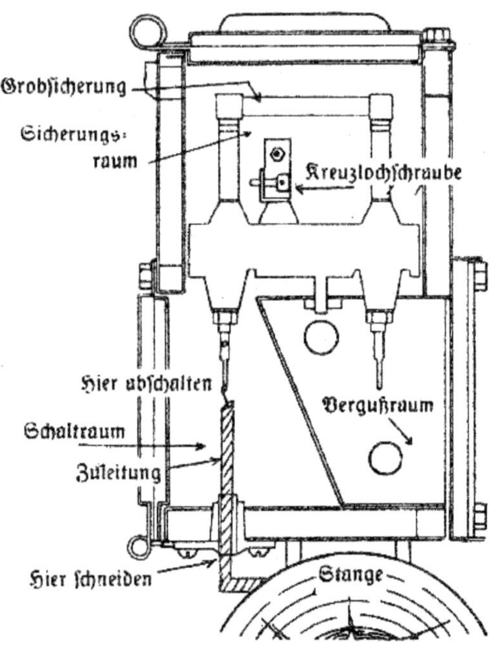

Bild 31. Schneiden des Einführungskabels im ÜEVs.

44. c) Abschalten an den Klemmen oder Lötösen im Schaltraum.

Schnell und einfach durchzuführende Arbeit. Diese Art der Unterbrechung wird schnell erkannt. Sie ist nur da wirksam, wo eine große Zahl von Kabeladern geschaltet ist.

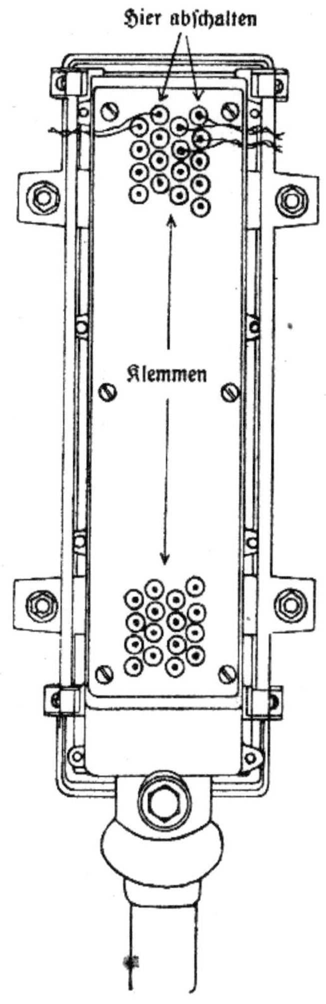

Bild 32. Abschalten an den Klemmen der
Vorderplatte eines EV.

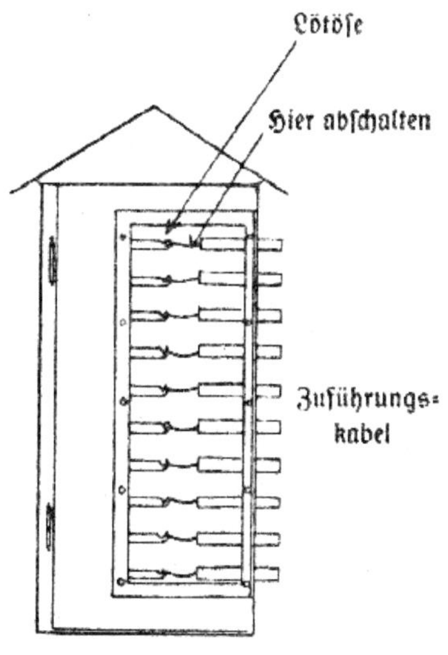

Bild 33.
Abschalten im Schaltraum eines ÜEVs.

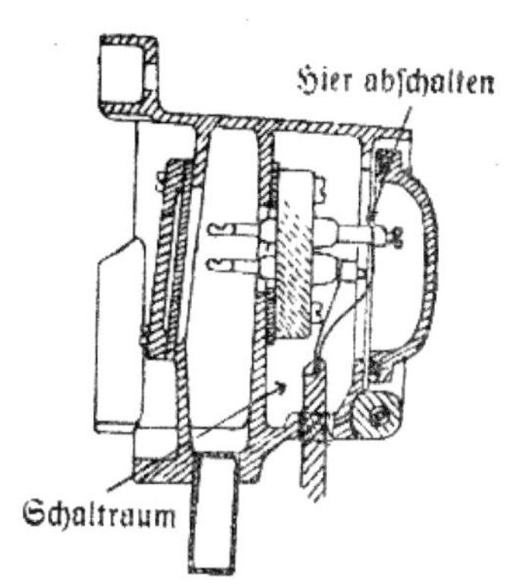

Bild 34.
Abschalten im Schaltraum eines EV.

45. d) Abschalten der Adern an den Lötösen im Vergußraum.

Schnellste und einfachste Art des Trennens, besonders bei vielen Lötstellen (bei Kabelabschluß-
einrichtung). Nach Lösen der Halteschrauben (Bild 35) wird die Frontplatte mit einem kräftigen Hebel
aus der Vergußmasse herausgewuchtet. Hierbei werden bereits die meisten Verbindungen abreißen,
die übrigen werden noch gelöst. Darauf wird die Frontplatte wieder hineingedrückt und die Schalt-
stelle wieder geschlossen.

Wo das Herauswuchten nicht möglich ist (bei EV und ÜEVs), muß die Vergußmasse nach Öffnen
der Ablaßschraube bzw. Abdichtplatte (siehe Bild 30 und 36) durch Erhitzen entfernt werden, bis die
Adern freiliegen. Ist genügend Zeit vorhanden, so wird die Vergußmasse wieder eingegossen.

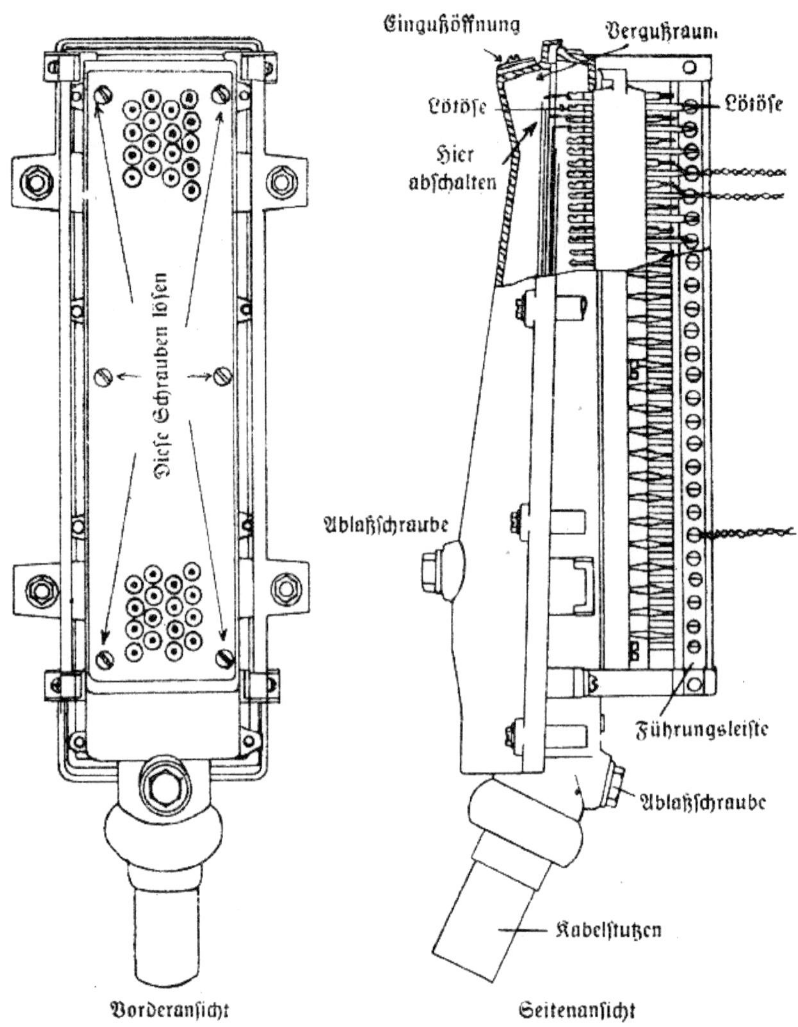

Bild 35. Abschalten der Adern im Vergußraum eines EV.

46. e) Unterbrechen an den Sicherungen im ÜEVs.

aa) Durch Entfernen der
Sicherung:

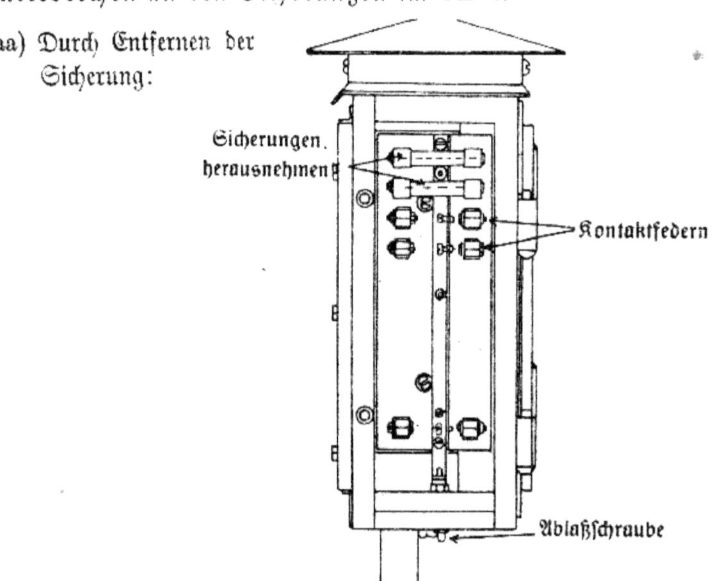

Bild 36. Sicherungen im ÜEVs.

Soll die Unterbrechung schwer auffindbar sein, so sind an Stelle der guten Sicherung durchgebrannte (gegebenenfalls mit Stromquelle durchbrennen) einzusetzen.

bb) Durch Isolieren an der Sicherung:

Zwischen Messerkontakte der Sicherung und Kontaktfedern des ÜEVs wird ein Isolierstück (Papier) eingeklemmt.

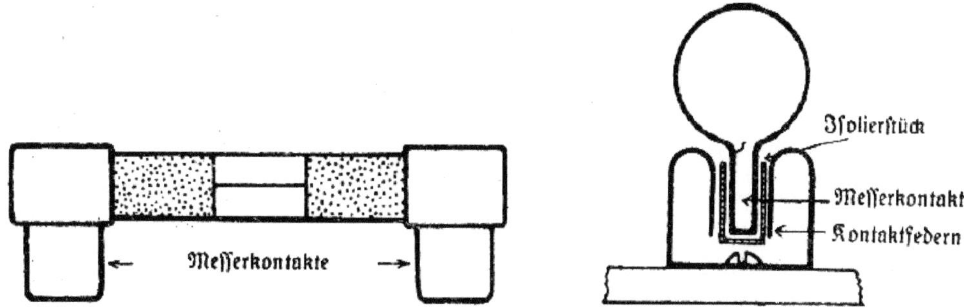

Bild 37. Isolierungen an den Kontaktfedern.

cc) Durch Erden der Leitung:

Die Kreuzlochschraube in der Erdschiene wird soweit verstellt, daß ihre Spitze die Haltefeder der Grobsicherung berührt.

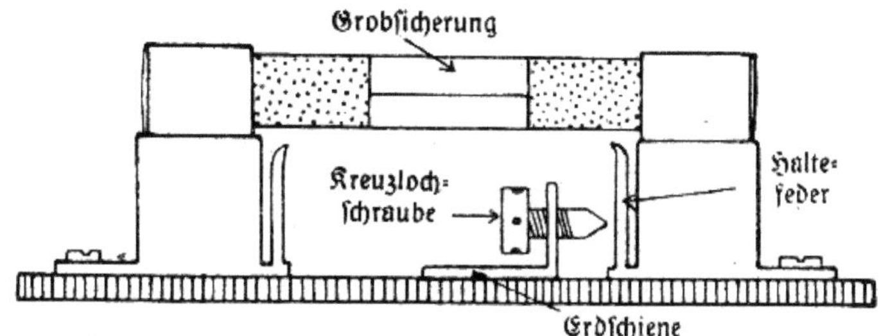

Bild 38. Erden an der Kreuzlochschraube.

dd) Durch Kurzschließen:

Die Grobsicherungsfedern einzelner Zweige werden durch einen dünnen Draht verbunden.

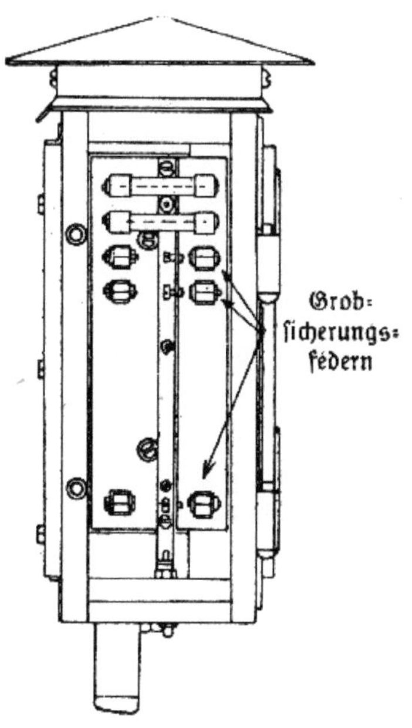

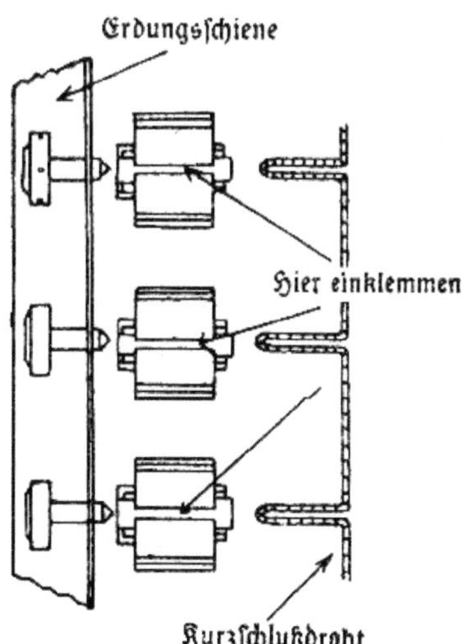

Bild 39a. Kurzschluß durch Kurzschlußdraht.   Bild 39b. Kurzschluß der Federn.

47. f) Verschalten der Adern in den Schaltstellen.

Die Adern werden an den Lötösen oder Klemmen im Vergußraum oder im Schaltraum verschaltet. Verschaltet werden die Adern da, wo sie abgeschaltet werden können (vgl. Ziffer 45). Eine wirksame aber mehr zeitraubende Arbeit, da sie nur Erfolg hat, wenn sie nach einem bestimmten Plan durchgeführt wird. Die Schaltunterlagen werden zweckmäßig auch entsprechend gefälscht.

II. Luftkabel.

1. Trennen des Kabels.

48. Das Kabel wird an einer möglichst wenig sichtbaren Stelle geschnitten. Über die Schnittstelle wird eine Muffe gesteckt.

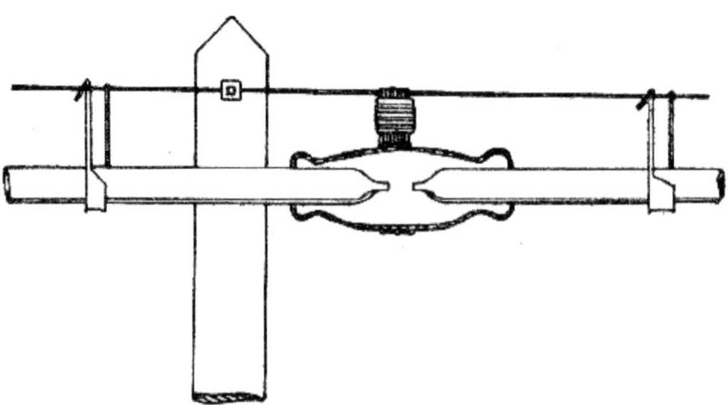

Bild 40. Schneiden des Luftkabels.

2. Unterbrechen an den Schaltstellen.

49. Schaltstellen im Luftkabel sind:

der Endverzweiger (s. Bild 27),

der Überführungsendverschluß (s. Bild 28),

die Pupinspule (s. Bild 43).

50. Endverzweiger sind dort angebracht, wo isolierte Sprechstellenzuführungen abzweigen, Überführungsendverschlüsse da, wo das Luftkabel als Freileitung weitergeführt wird oder blanke Sprechstellenzuführungen abzweigen.

Unterbrechungen am Endverzweiger und Überführungsendverschluß sind nach den Ziffern 40 ff. auszuführen.

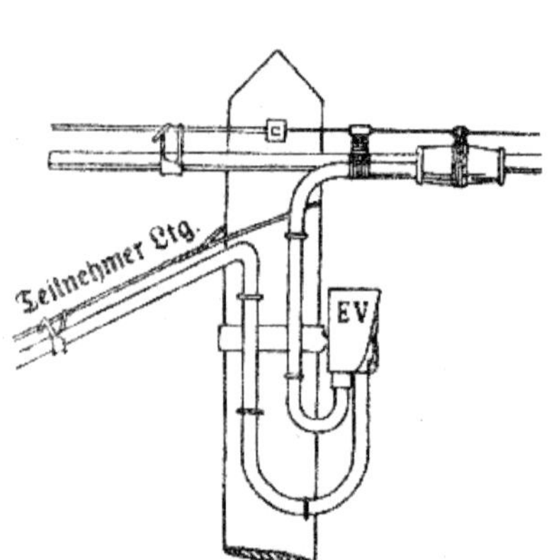

Bild 41. Abzweigung mit EV.

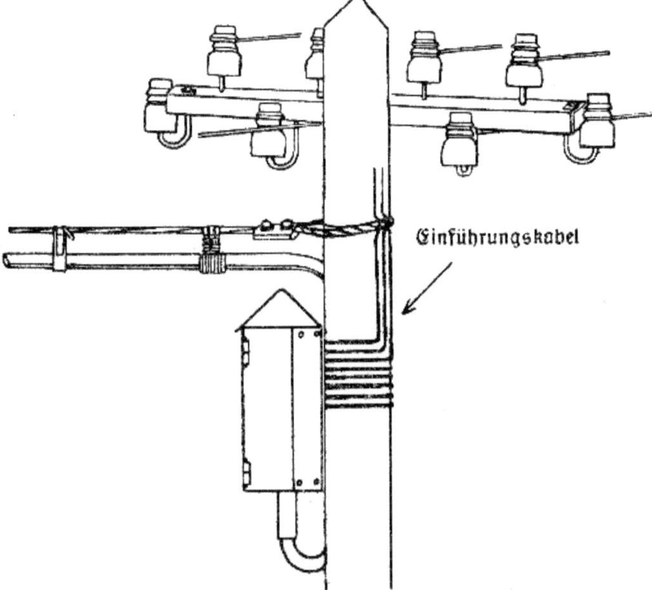

Bild 42. Übergang von Luftkabel auf Freileitung.

3. Unterbrechen an der Pupinspule.

51. Pupinspulen werden durch Einschlagen von Nägeln oder Durchschießen unterbrochen. Einschlagen mehrerer Nägel oder mehrmaliges Durchschießen ist notwendig, um sicher einen Spulensatz zu treffen. Beschädigte Pupinspulen lassen sich nicht mehr verwenden.

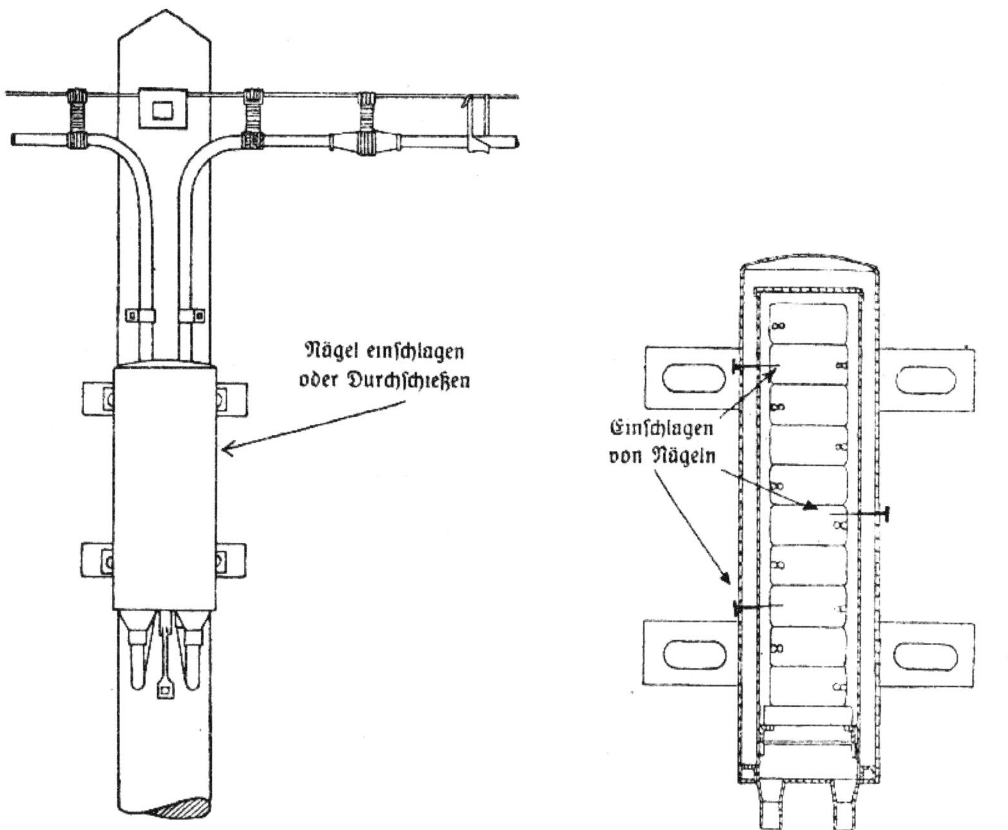

Bild 43a. Pupinspulenkasten für Luftkabel.   Bild 43b. Schnitt durch Spulenkasten für Luftkabel.

III. Leichtere Unterbrechungen von Sprechstellen, Vermittlungen usw.

Allgemeines.

52. Betriebsanlagen sind technisch sehr feine und außerordentlich empfindliche Einrichtungen. Sie sind von der einfachsten bis zur technisch verwickeltsten Schaltungsart und mit älteren oder neueren Einrichtungen, entsprechend dem Stande der Technik zur Zeit ihres Baues, ausgestattet. Es kann daher in nachstehenden Ausführungen nur auf die grundsätzlichen und allgemein vorkommenden Einrichtungen hingewiesen werden.

53. **Entfernen und Sicherstellen der Betriebsunterlagen** und **Bezeichnungen** ist in jedem Falle wirksam. Ohne diese wird selbst Fachpersonal zeitraubende Vorarbeit vor der Wiederinbetriebnahme ausführen müssen.

54. Leichtere Unterbrechungen werden sich im allgemeinen auf das **Entfernen auszubauender Teile** und das **Trennen leicht abzuschaltender Verbindungen** beschränken müssen. Ausgebaute Teile, einschließlich Ersatzteile, müssen dem Zugriff des Gegners (Mitnehmen, Verstecken) entzogen werden. Sie sind keinesfalls zu vernichten, da der Ersatz solcher Teile meist auf Schwierigkeiten stößt, wenn nicht unmöglich ist.

55. Planmäßiges Vorgehen ist besonders wichtig. Grundsätzlich sind die **Kernstücke** jeder Anlage zu unterbrechen, da sich diese leichteren Unterbrechungen in verhältnismäßig kurzer Zeit ausführen lassen und sich auf die Gesamtheit der technischen Einrichtung auswirken. Weitere Unterbrechungen sind von der verfügbaren Zeit und den eingesetzten Kräften abhängig und können die Wiederinbetriebnahme um so mehr verzögern, je zahlreicher und verschiedenartiger sie angebracht sind.

56. Unfachgemäße Eingriffe bei allen leichteren Unterbrechungen führen zu Zerstörungen. Alle Arbeiten dürfen daher nur durch Fachpersonal der DRP bzw. DR oder durch mit den einzelnen Anlagen vertraute Leute ausgeführt werden. Dies ist auch deshalb notwendig, um Unfälle durch die Stromanlagen (Starkstrom!) zu vermeiden.

57. Die Nachrichtenanlagen für den öffentlichen Verkehr werden durch die Post gebaut. Eisenbahnen, Behörden und Private (Elektrizitätswerke, Bergwerke, Banken, Kaufhäuser usw.) können innerhalb ihres Betriebes eigene Anlagen errichten. Unterbrechungen müssen sich auch auf diese erstrecken!

A. Leichtere Unterbrechungen von Sprechstellen.

58. **1. Ablegen der Leitungen am Sicherungskästchen oder an der Trenndose.**

Die Leitungszweige der Innen- und Außenleitung werden von den Klemmen des Sicherungskästchens oder der Trenndose abgelegt und so verkürzt, daß sie nicht wieder angeschlossen werden können. Die Trennstelle darf jedoch nicht von außen zu sehen sein.

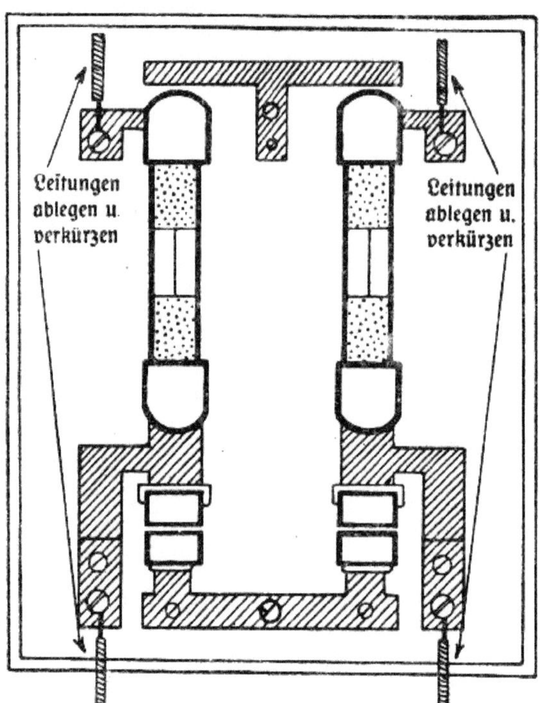

Bild 44. Sicherungskästchen.

59. **2. Durchschneiden der Innenleitung.**

Bild 45. Schneiden der Innenleitung
unter einer Kabelschelle.

Die Innenleitung, vielfach Bleikabel, wird an einer unauffälligen Stelle (z. B. unter einer Kabelschelle, Bild 45) geschnitten. Ist Zeit vorhanden, wird die Trennstelle nach Zurückdrücken der Kabelseele wieder aneinandergelegt und der Schnitt unkenntlich gemacht.

60.   **3. Trennen der Leitungen in der Anschlußdose und am Anschlußbrett.**

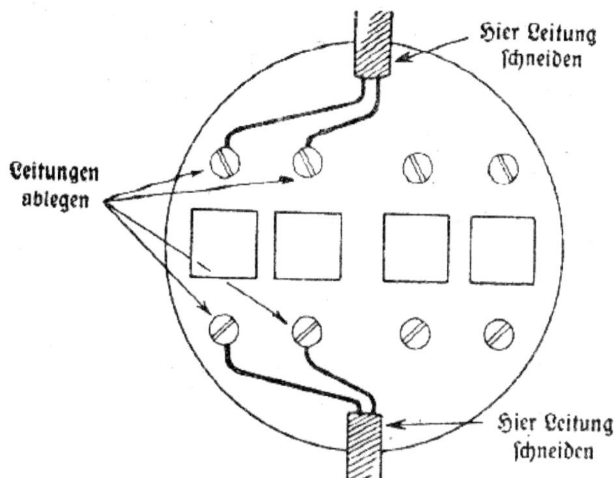

Bild 46. Anschlußdose.

Die Leitungen werden abgelegt und so verkürzt, daß sie nicht wieder angeschlossen werden können. Die Trennstelle soll von außen nicht erkenntlich sein.

Bei OB-Apparaten werden die Batterien kurzgeschlossen oder mitgenommen.

Schaltelemente in den Dosen (Kondensatoren, Spulen und Laschen werden entfernt).

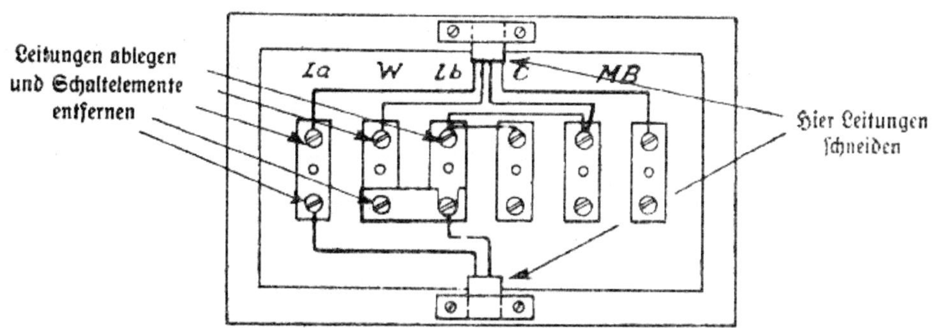

Bild 47. Anschlußbrett Posttischapparat OB 05.

61.   **4. Ablegen der Leitungen im Apparat.**

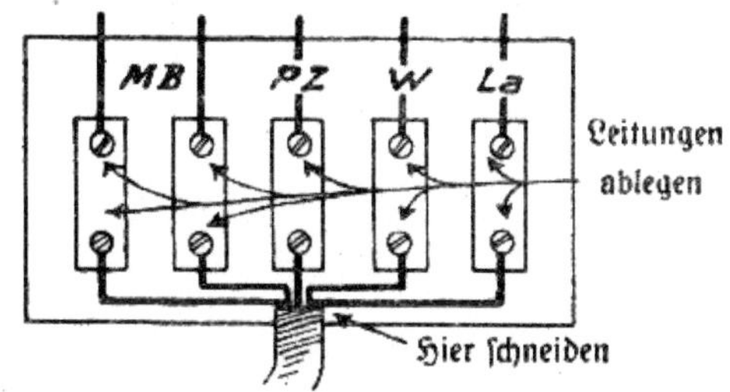

Bild 48. Anschluß der Leitungen im Posttischapparat OB 05.

Die Leitungen werden von den Klemmen im Apparat abgelegt und so geschnitten, daß sie nicht wieder angeschlossen werden können.

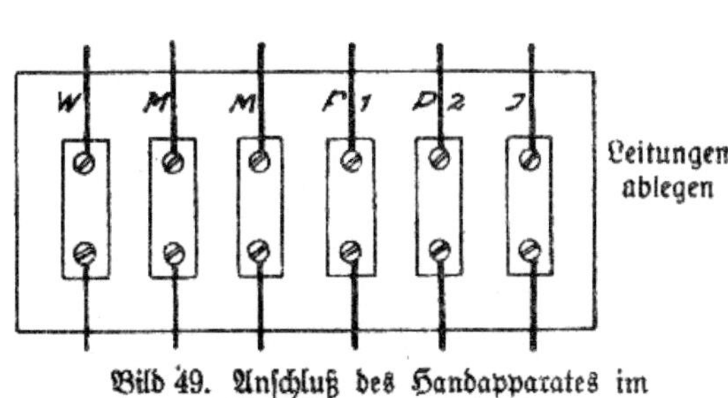

Bild 49. Anschluß des Handapparates im Posttischapparat OB 05.

Bild 50. Tischapparat Anschluß i. W. 28.

62.   **5. Entfernen einzelner Apparatteile.**

Hierzu gehören in erster Linie das Mikrofon, das Telefon, die Stromquelle, die Induktorkurbel und der Handapparat.

Ist wenig Zeit vorhanden und stehen Transportmittel zur Verfügung, so wird der ganze Apparat abgelegt und mitgenommen.

63.

6. Entfernen der Betriebsunterlagen.

Die Bedienungsanleitungen für die Apparate, Anweisungen für den Fernsprechbetrieb und die Teil=
nehmerverzeichnisse sind zu vernichten oder mitzunehmen.

64.

7. Unterbrechen an Zusatzeinrichtungen.

Zusatzeinrichtungen, wie Zwischenstellenumschalter und andere Umschalter, sind nach den Anweisungen
für das Unterbrechen von Sprechstellen sinngemäß zu unterbrechen.

B. Leichtere Unterbrechungen von Hand= und Wählervermittlungen.

I. Allgemeines.

65. Vermittlungen bestehen meist aus vielen gleichartigen Einrichtungen. Um wirksame Unterbrechungen
anbringen zu können, müssen die Kernstücke bekannt sein. Dies sind:

1. der Kabelkeller,
2. der Hauptverteilerraum,
3. der Batterieraum,
4. der Maschinenraum,
5. die Betriebsräume.

Die Bilder 51—53 sollen einen allgemeinen Anhalt über den Aufbau und die Leitungsführung
innerhalb von Ämtern geben.

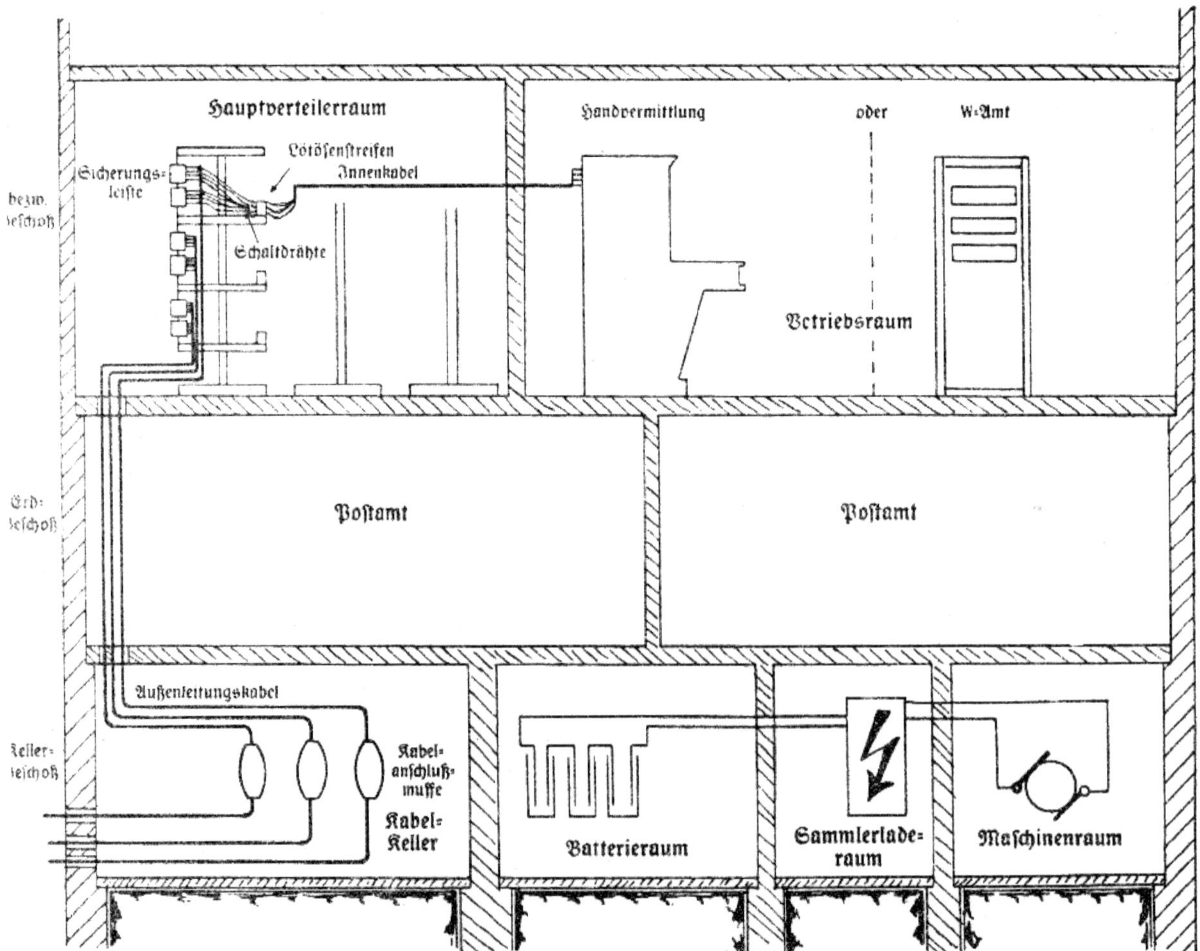

Bild 51. Schematisches Bild: Aufbau eines Amtes.

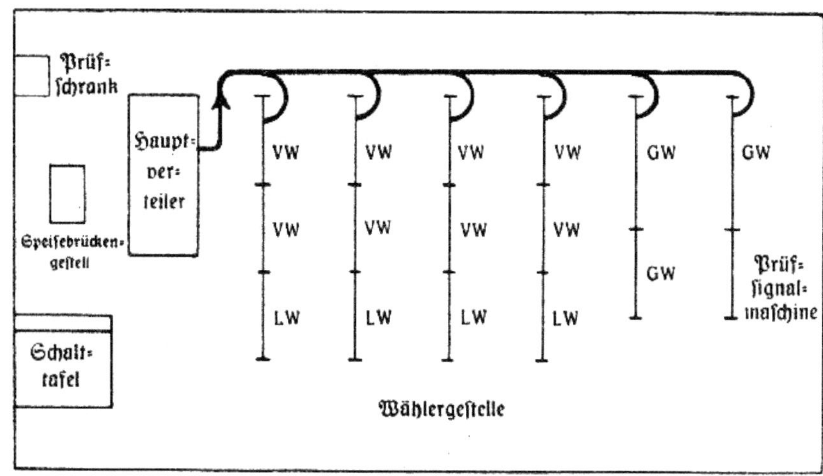

Bild 52. Grundriß eines Wählamtes.

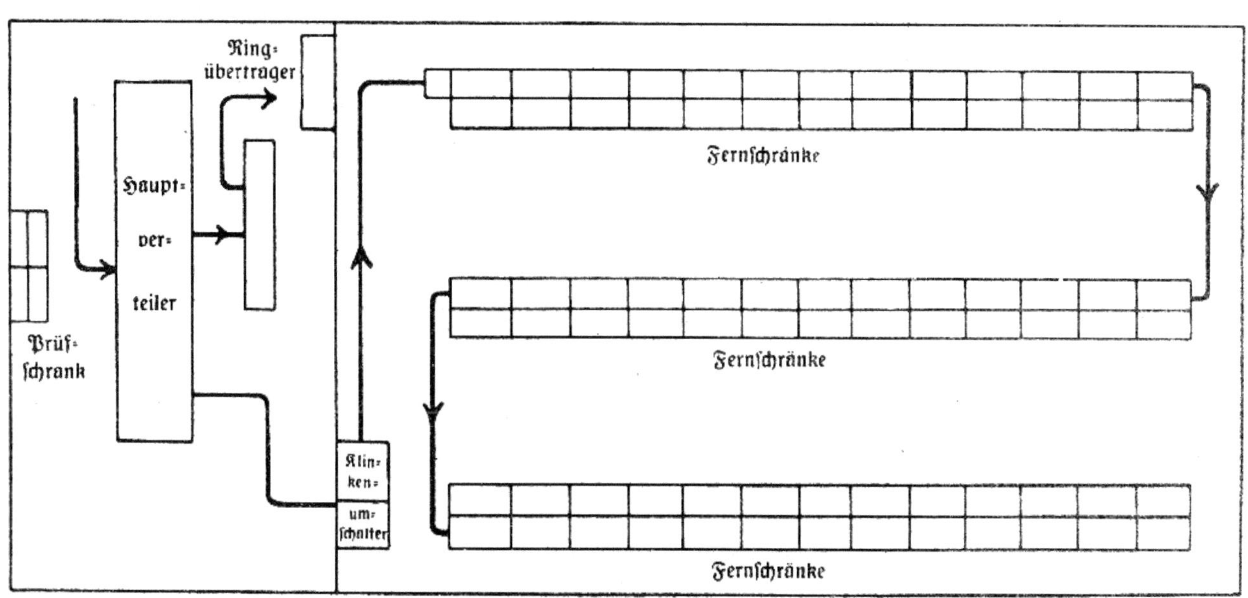

Bild 53. Grundriß eines Fernamtes.

II. Leichtere Unterbrechung von Fernsprechvermittlungen (Hand= und Wählbetrieb).

66. 1. Unterbrechen in der Kabelabschlußmuffe.

Die Muffe wird geöffnet und die Verbindungen zwischen Kabel und Aufteilungskabel werden getrennt. Dann wird die Muffe wieder verschlossen, damit die Trennstelle schwer auffindbar ist.

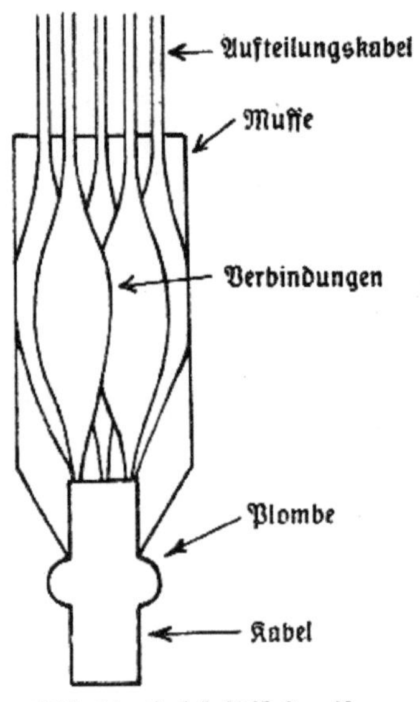

Bild 54. Kabelabschlußmuffe.

67. 2. Unterbrechen des Aufteilungskabels.

An einer unübersichtlichen Stelle, z. B. in dem Hochführungsschacht, werden Stücke aus den Kabeln herausgeschnitten und so in ihrer Lage verändert, daß keine Verbindungen wieder hergestellt werden können.

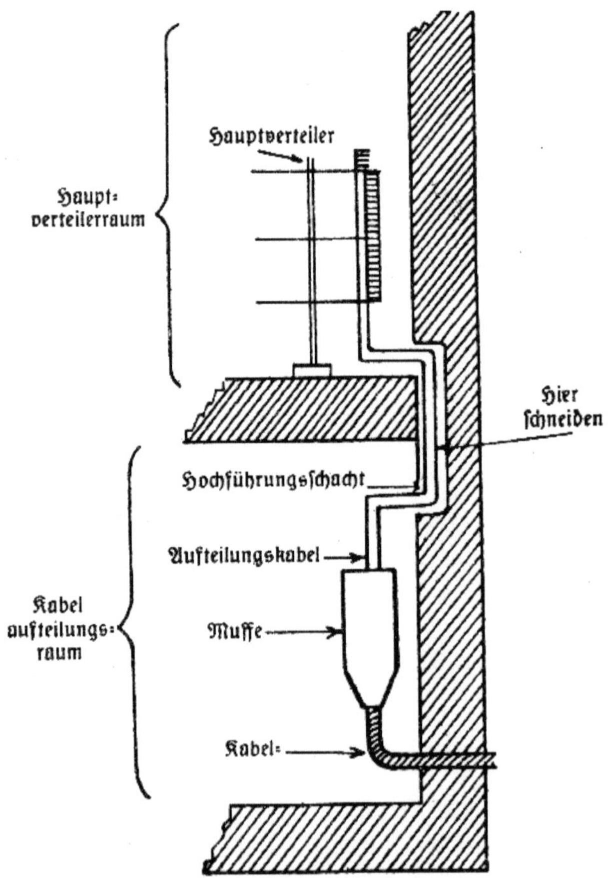

Bild 55. Führung des Aufteilungskabels.

68.   3. Unterbrechen der Leitungen an dem Hauptverteiler (Bild 56).

a) an den Sicherungsleisten.

 aa) Ablegen der Leitungen.

Das Aufteilungskabel und die Schaltdrähte werden von den Lötösen abgelegt. Die Schaltdrähte werden umgelagert, damit ihre Anschlüsse nicht aufzufinden sind, oder entfernt.

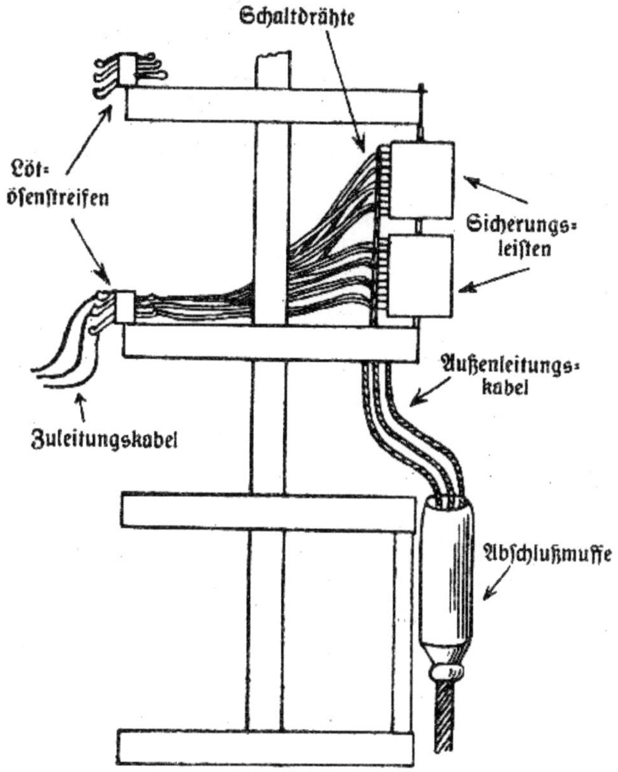

Bild 56a. Verteilergestell mit Sicherungsleisten und Lötösenstreifen.

bb) Herausnehmen der Sicherungen.

Die Kohlenblitzableiter und die Fein=sicherungen werden herausgezogen. Sie werden mitgenommen oder verstellt.

cc) Erben der Leitungen.

Die Glimmerblättchen zwischen den Kohlen der Blitzableiter werden ent=fernt und mitgenommen.

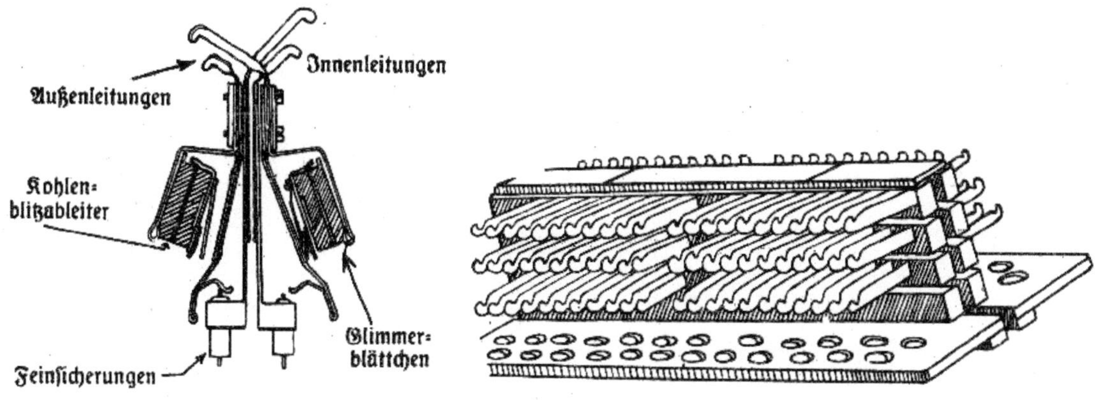

Bild 56b. Sicherungsleiste.   Bild 57. 3reihiger Einheitslötösenstreifen.

b) an den Lötösenstreifen (vgl. Bild 56).

Die Schaltdrähte und die Zuleitungskabel werden abgelötet und so verlegt, daß ihre Anschlüsse nicht zu erkennen sind.

c) Entfernen der Bezeichnungen und Schaltunterlagen und Sicherstellen für etwaige Wiederver=wendung.

69.   4. Leichtere Unterbrechungen im Betriebsraum.

a) Ablegen des Zuleitungskabels.

Die Anschlüsse des Kabels sind am Klappenschrank von den Lötösen abzulegen bzw. abzuschneiden und so zu verbiegen, daß ihre Anschlüsse nicht mehr erkenntlich sind. Sind die Zuleitungen durch Stecker hergestellt (gr. Feldklappenschrank), so sind diese herauszuziehen und so zu verlagern, daß sie nicht wieder in ihre zugehörigen Buchsen eingesetzt werden können (Bild 58).

b) Ablegen der Stromzuführungen.

Die im Klappenschrank befindlichen Anschlüsse der Mikrofonbatterie (meistens mit + MB — bezeichnet) werden abgenommen.

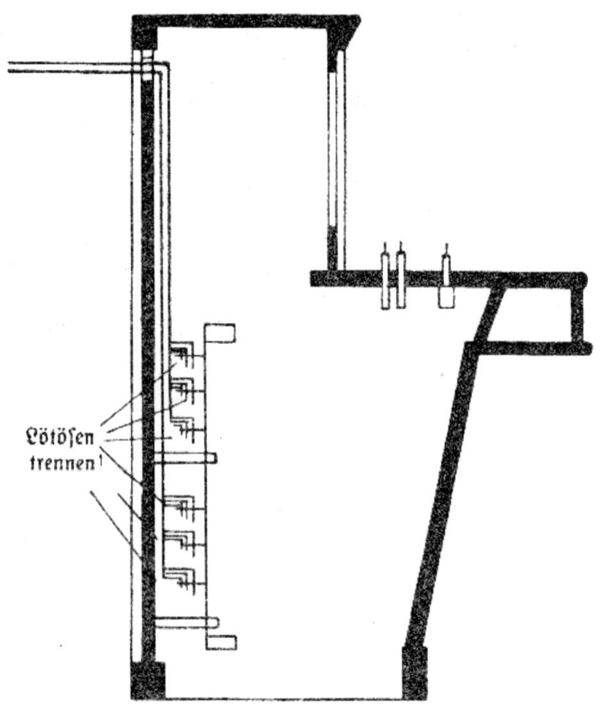

Bild 58. Klappenschrank.

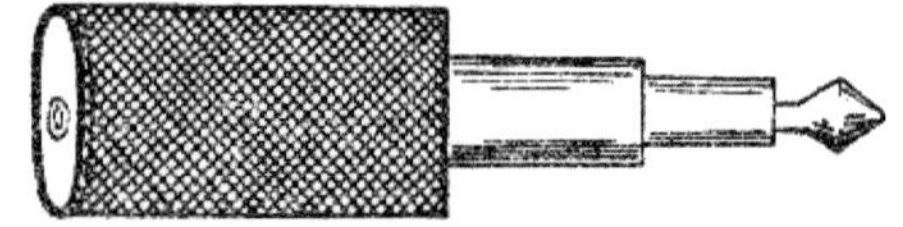

Bild 59. Verbindungsstöpsel.

c) Abnehmen einzelner Teile.

1. Wegnehmen der Verbindungsstöpsel.

Die Verbindungsstöpsel sind mitzunehmen oder zu vergraben (Bild 59).

2. Abnehmen der Verbindungsschnüre.

Die im Klappenschrank durch Stöpsel oder Klemmschrauben angeschlossenen Verbindungsschnüre werden abgelegt und an den Verbindungsstöpseln herausgezogen (Bild 60).

3. Entfernen der Anruf- usw. Lampen.

Nach Abnehmen der Decklinse wird die Lampe herausgezogen und mitgenommen oder versteckt (Bild 61).

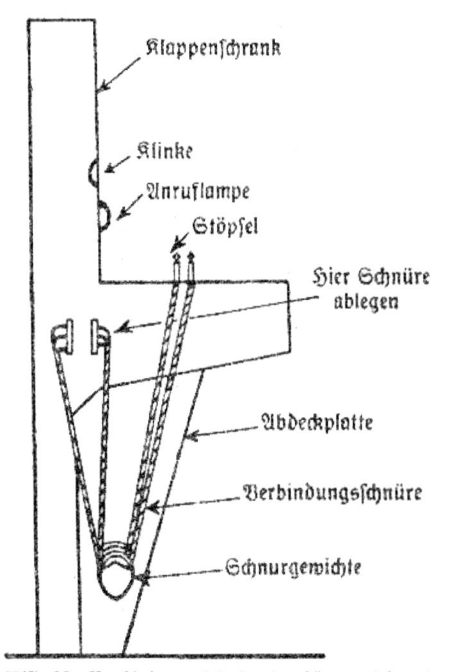

Bild 60. Verbindungsschnüre im Klappenschrank.

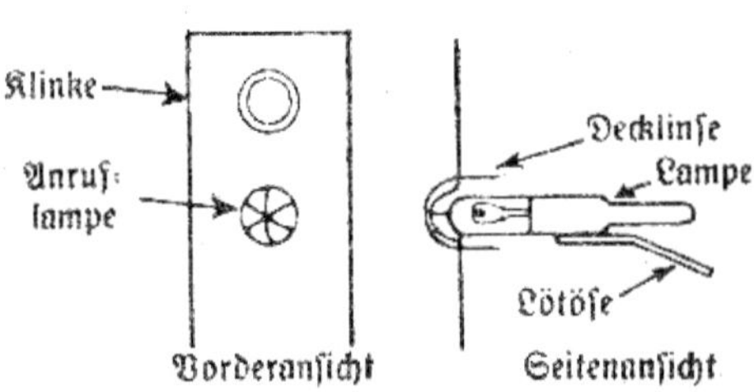

Decklinse entfernen und Lampe herausnehmen

Bild 61. Anbringung einer Anruflampe.

4. Entfernen der Rufstromerzeuger.

Die Anschlüsse des Induktors, der Rufstrommaschine oder des Polwechslers werden abgelegt, die Rufstromerzeuger mitgenommen.

Bild 62a. Bezeichnung der Anschlüsse für Induktor und Rufstrommaschine.

Bild 62b. Bezeichnung der Polwechsleranschlüsse.

5. Herausnehmen der auswechselbaren Relaissätze.

Die Anschlüsse sind am Relaisgestell durch Messerkontakte hergestellt und können daher schnell abgenommen werden.

Bild 63. Wählerrelais.

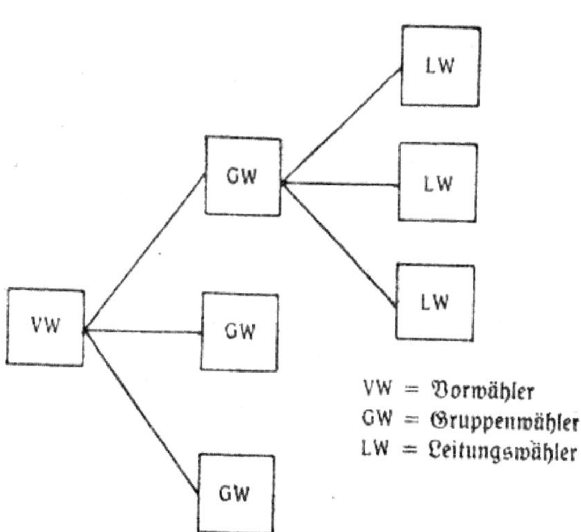

Bild 63a. Schema des Aufbaues eines Wähleramtes.

6. Herausnehmen der Wähler.

Die an den Wählergestellen untergebrachten Wähler sind durch Messerkontakte angeschlossen und können schnell entfernt und wieder eingesetzt werden. Zu beachten ist hierbei, daß durch Herausnehmen von Gruppenwählern oder Vorwählern (je nach der Größe des Amtes) eine mehr oder weniger große Anzahl von Teilnehmern abgelegt wird.

III. Unterbrechen von Fernschreibvermittlungen.

1. Entfernen der Schnurpaare.

Entsprechend Ziffer 69, Bild 60.

2. Unterbrechungen an der Abfrageschreibmaschine.

Der in der Maschine eingebaute Antriebsmotor oder das Typenrad sind zu entfernen.

72. ### C. Leichtere Unterbrechungen von Verstärkerämtern.

Zeichenerklärung:

S   = Sicherungsgestell
E Sp = Echosperrengestell
MS   = Meßschrank
Rf. = Rundfunkverstärkergestell

Dltg. = Dienstleitungsverstärkergestell
Vh   = Hauptverteiler
Vl   = Leitungsverstärker

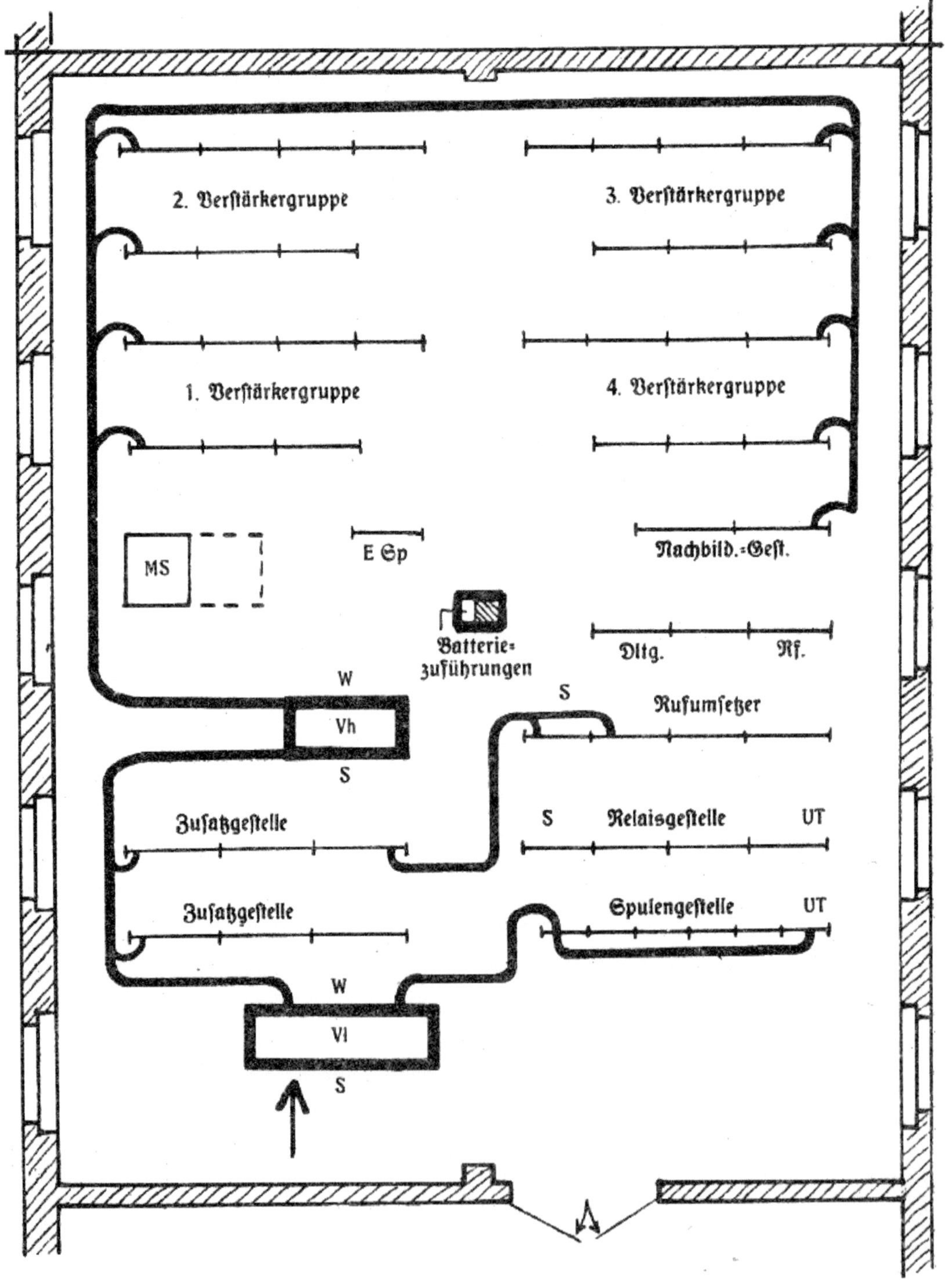

Bild 64. Grundriß eines Verstärkeramtes.

73. **1. Entfernen der Sicherungen am Sicherungsgestell.**

Die am Sicherungsgestell angebrachten Sicherungen werden entfernt und sichergestellt (Bild 65a und b).

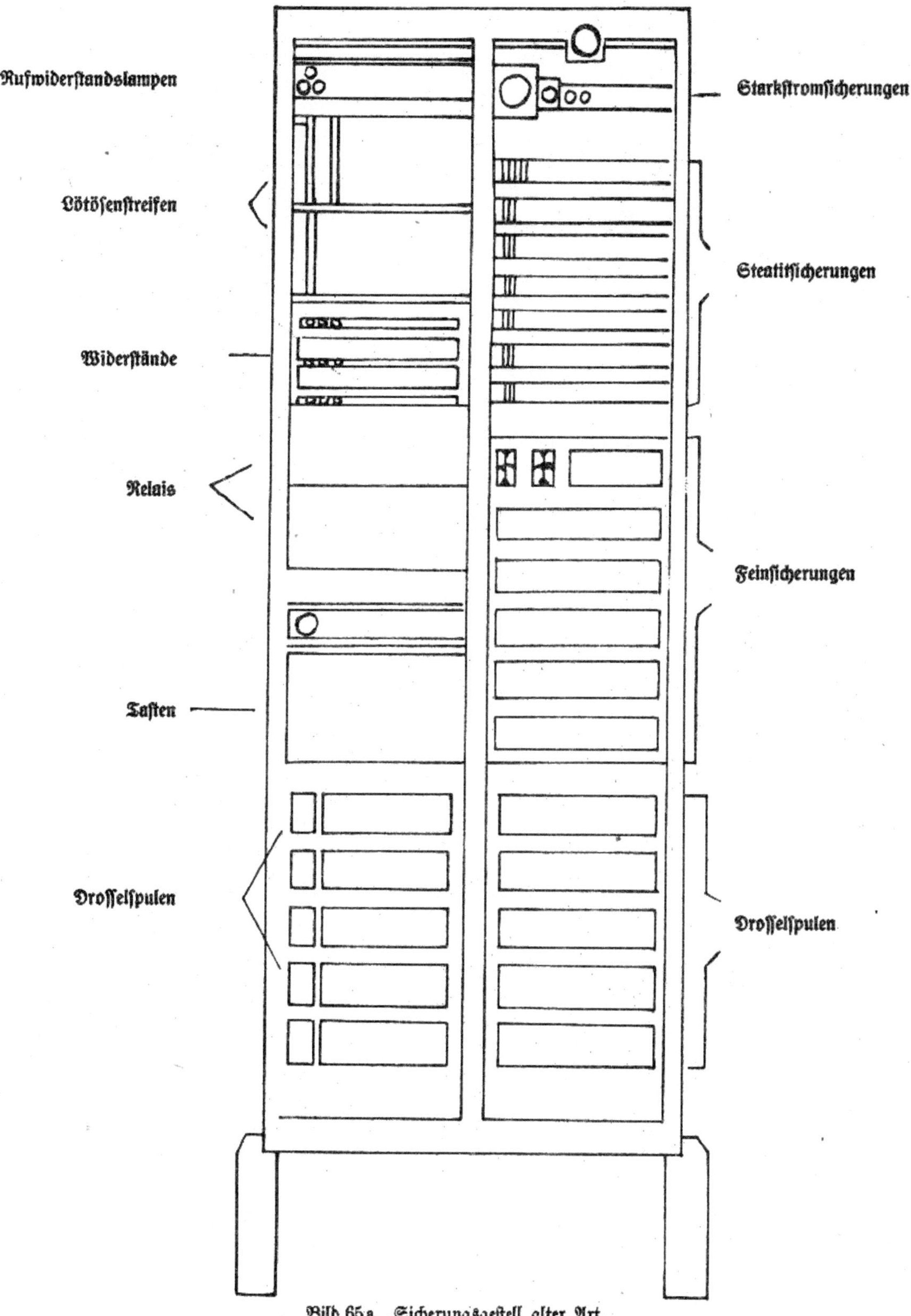

Bild 65a. Sicherungsgestell alter Art.

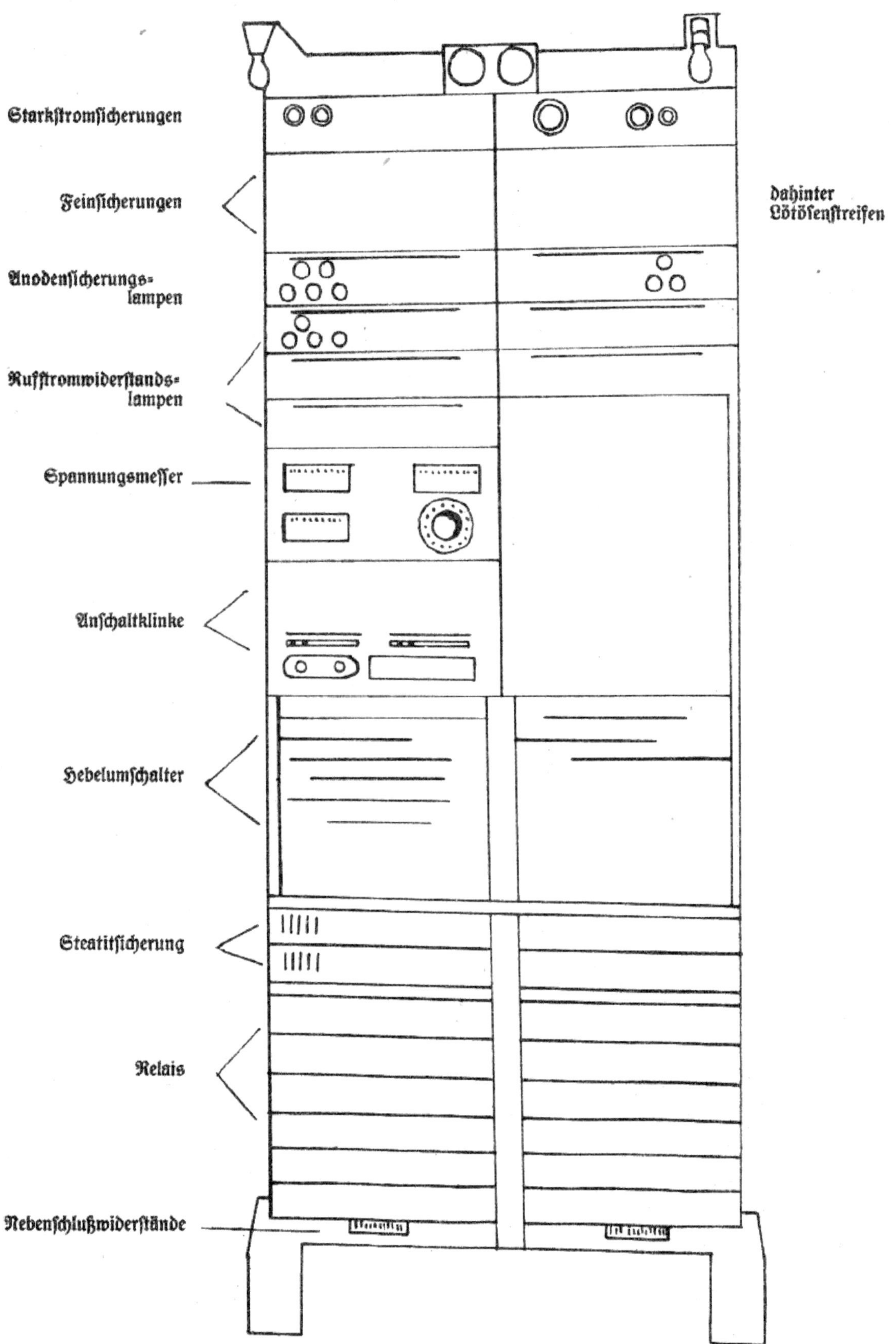

Bild 65 b. Sicherungsgestell neuerer Art.

74.

2. Herausziehen der Trennbügel an den Trennendverschlüssen.

Die in den Trennendverschlüssen eingesetzten Trennbügel werden herausgezogen und beseitigt.

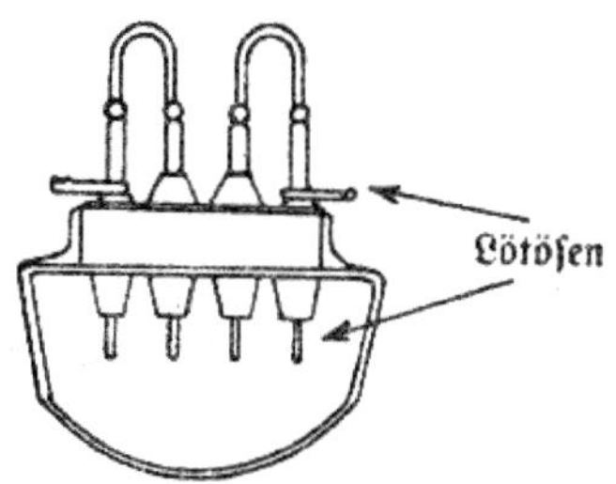

Bild 66a. Trennendverschluß (Querschnitt).

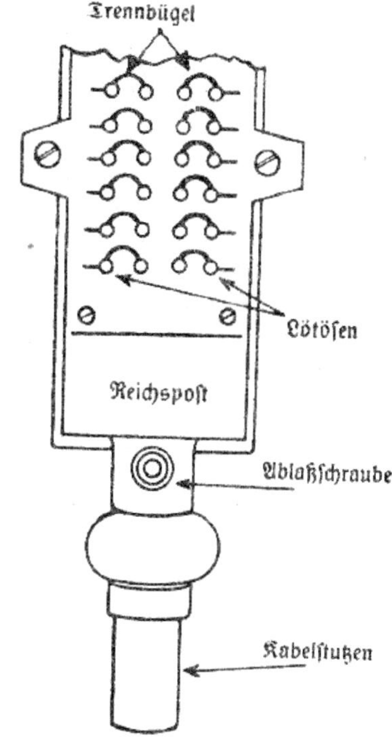

Bild 66b. Trennendverschluß (Ansicht).

75.

3. Entfernen der Schaltdrähte an den Verteilergestellen.

Entsprechend Ziff. 68 und Bild 56.

76.

4. Entfernen der Aufsätze an den Verstärkergestellen.

Die an den Verstärkergestellen untergebrachten Relaisplatten, die meist mit Messerkontakten versehen sind, werden herausgezogen und sichergestellt.

77.

5. Entfernen der Verstärkerröhren.

Herausnehmen und Sicherstellen aller Röhren an sämtlichen Gestellen. Auch die Ersatzröhren sind in gleicher Weise zu behandeln.

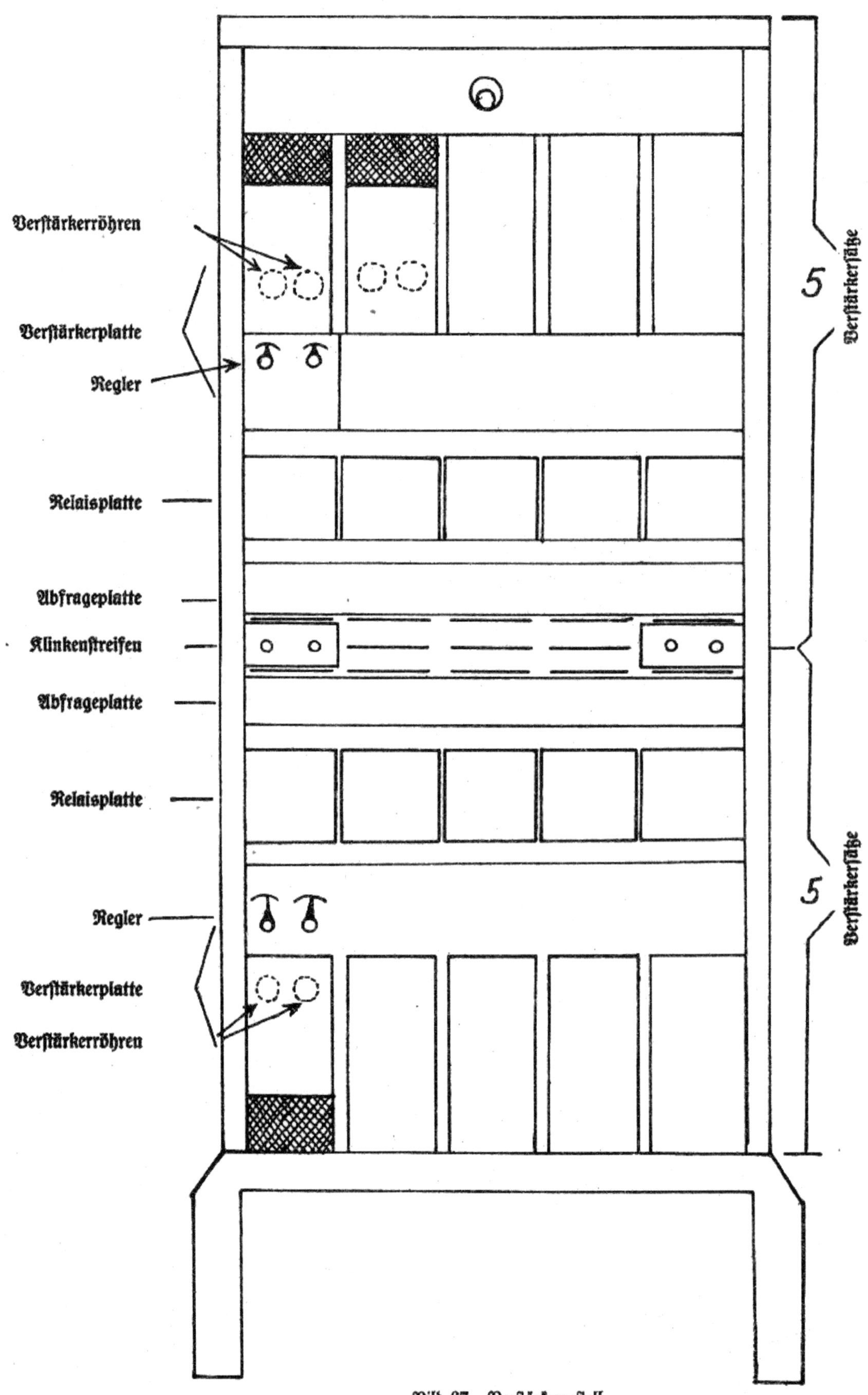

Bild 67. Verstärkergestell.

D. Leichtere Unterbrechungen von Telegrafenämtern.

78. Grundriß eines Telegrafenamtes.

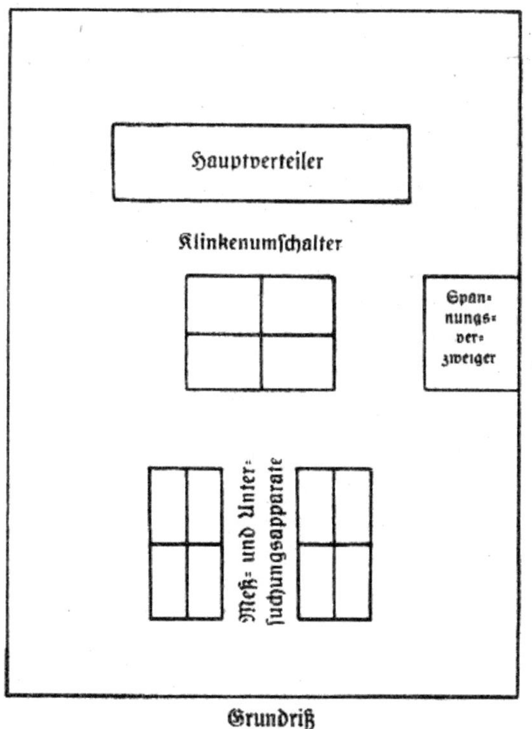

Bild 68. Hauptverteilerraum in Telegrafenämtern
(Störungsstelle).

79. **1. Entfernen der Schaltdrähte am Hauptverteiler**

entsprechend Ziff. 68 und Bild 56.

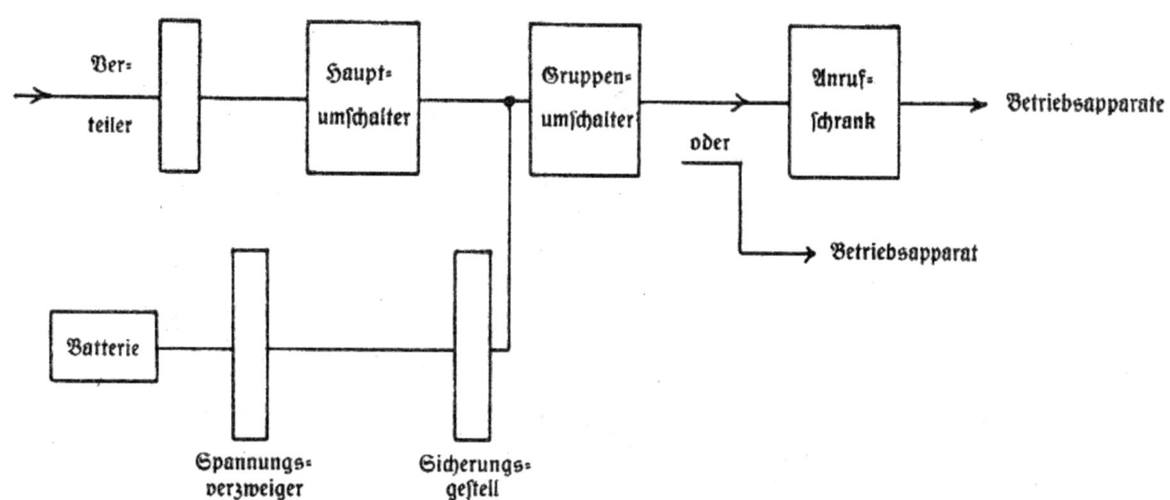

Bild 69. Verlauf einer Telegrafenleitung.

80.   **2. Entfernen der Sicherungen am Spannungsverzweiger und am Sicherungsgestell.**

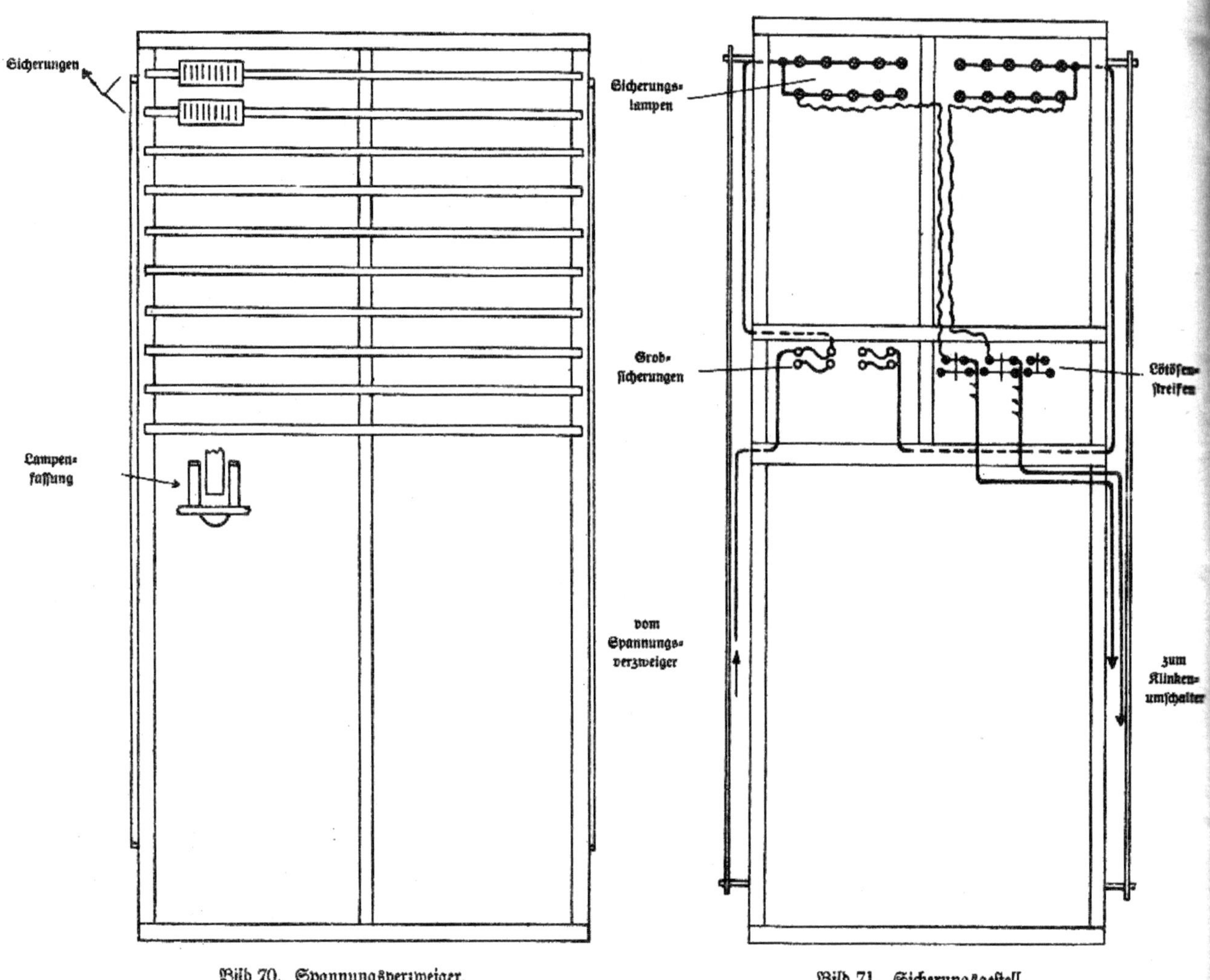

Bild 70. Spannungsverzweiger.   Bild 71. Sicherungsgestell.

81.   **3. Entfernen der Schnüre an dem Klinken= (Haupt=, Gruppen=) Umschalter.**

Die im Schrank angeschlossenen Schnüre werden abgelegt und herausgezogen (vgl. auch unter B II 4c).

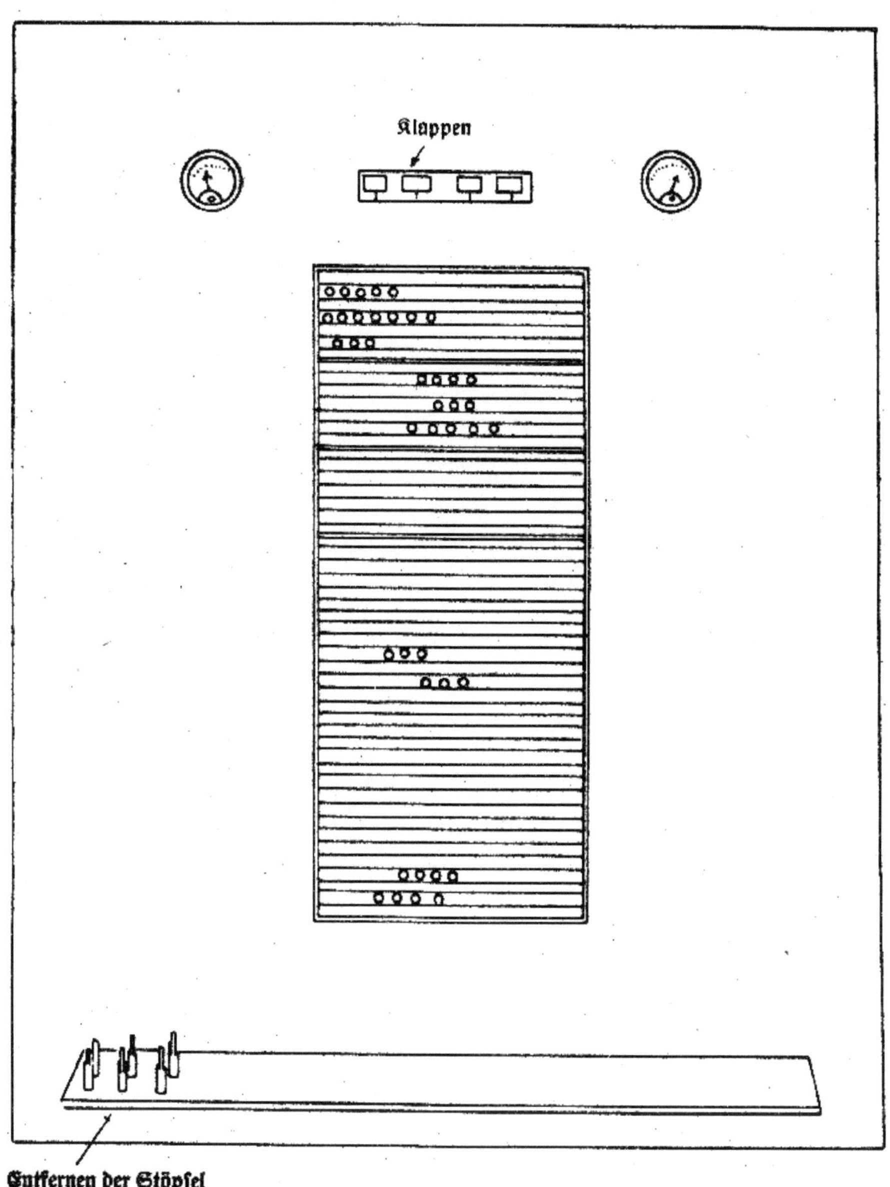

Bild 72. Klinkenumschalter.

82.   **4. Entfernen der Schnüre am Anrufschrank.**

Entsprechend Bild 60.

83.   **5. Sicherstellen der Telegrafenapparate.**

Ist die Sicherstellung nicht möglich, so müssen an den einzelnen Geräten folgende Teile entfernt werden:

Springschreiber:	Motor am Sender und Empfänger entfernen.
Baudotapparat:	Vibrator im Geschwindigkeitsregler (im gläsernen Beikasten) entfernen.
Siemens=Schnelltelegraf:	Motor am Sender und Empfänger entfernen.
Ferndrucker:	Motor oder Typenrad entfernen.
Hughesapparat:	Gewicht mit Kette oder Motor oder Typenrad entfernen.
Morseapparat: **Klopferapparat:**	Anker und Feder entfernen.

IV. Leichtere Unterbrechungen von Stromversorgungsanlagen.

84.
a. Herausnehmen der Sicherungen.

Die an der Schalttafel angebrachten Sicherungen werden herausgeschraubt und mitgenommen oder vergraben.

b. Entfernen der Widerstände.

Die an der Rückseite der Schalttafel befindlichen Anlaß- usw. Widerstände werden ausgebaut und sichergestellt.

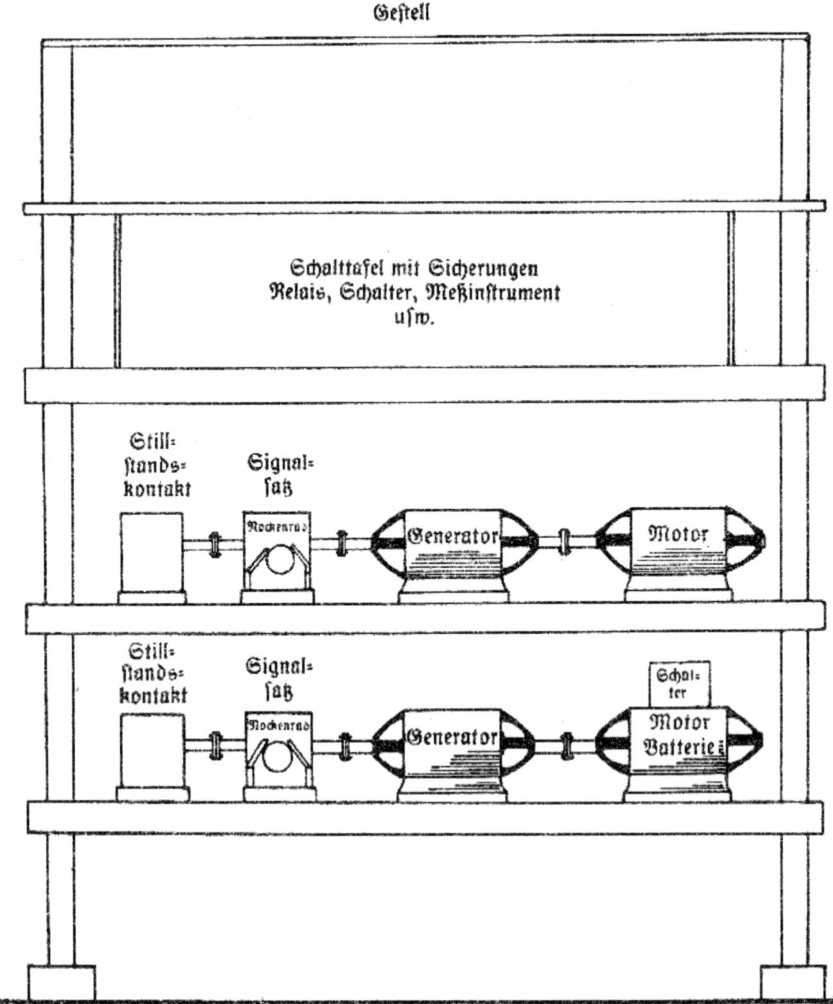

Bild 73. Ruf- und Signalmaschine.

c. Entfernen der Glaskolben aus den Gleichrichtern.

Die Glaskolben werden abgeschaltet, aus ihrer Fassung herausgenommen und sichergestellt.

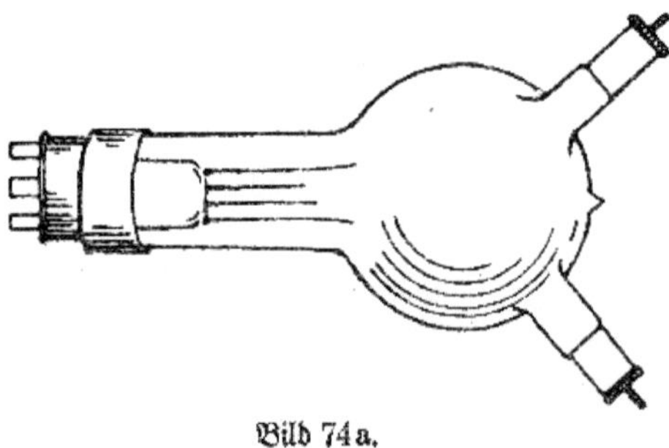

Bild 74a.

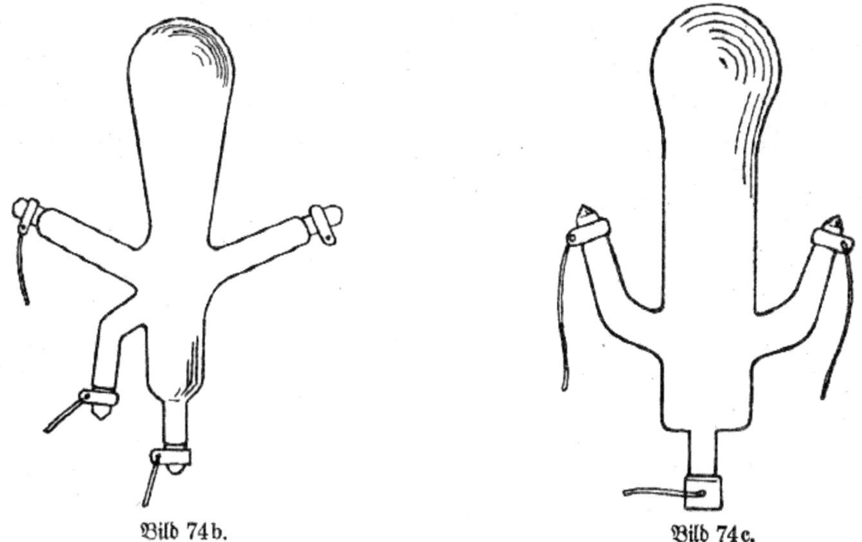

Bild 74b. Bild 74c.

Verschiedene Arten von Glaskolben.

d. Abnehmen der Kohlenbürsten und Bürstenhalter von den Rufsignalmaschinen und Ladeumformern (vgl. auch Bild 64).

Die Kohlenbürsten oder Bürstenhalter werden abgenommen und sichergestellt.

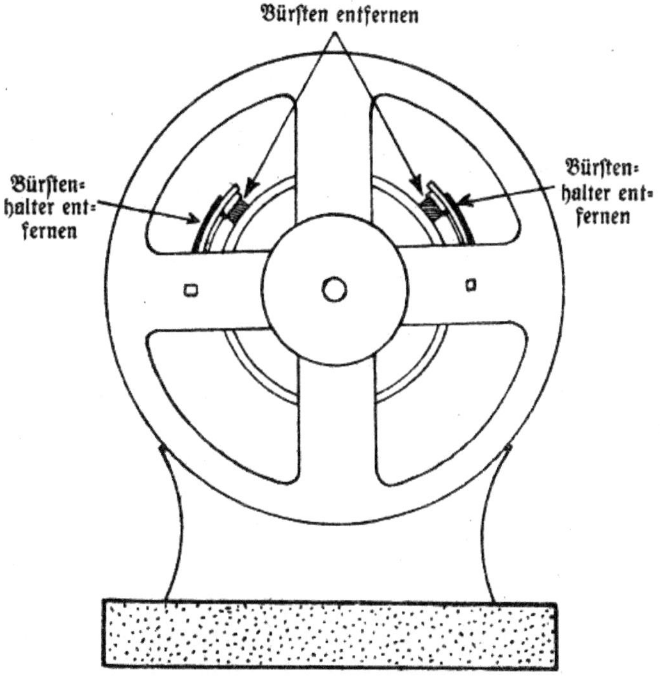

Bild 75. Unterbrechen am Motor.

e. Ausbauen einzelner Schaltteile.

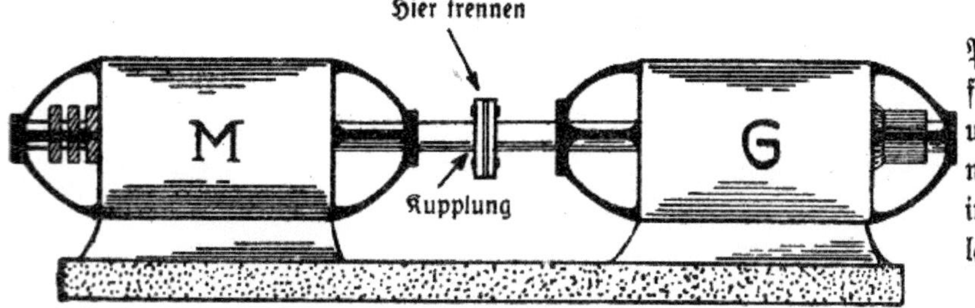

Bild 76. Motor und Generator gekuppelt.

Durch Ausbauen der Pendelgleichrichter, Transformatoren, Schalter, Anker und Kupplungen der Maschinen können Unterbrechungen in der Stromversorgungsanlage angebracht werden.

f. Unterbrechen von Sammlern.

Vorsicht! Große Stromstärken!

Kurzschlüsse vermeiden! Säure!

Unterbrechen **eines** Sammlers in einer Batteriereihe (in der Mitte oder am Ende) ist meist wirkungslos, weil er sich überbrücken läßt. Es müssen stets mehrere Sammler und die Weiterführungen (Stromschienen) erfaßt werden.

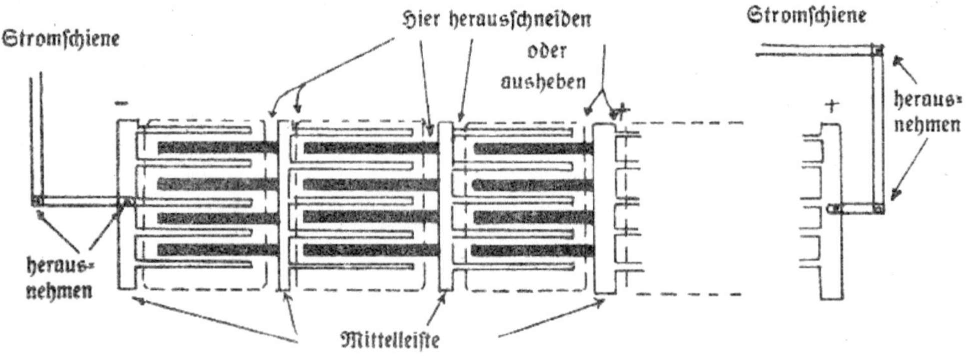

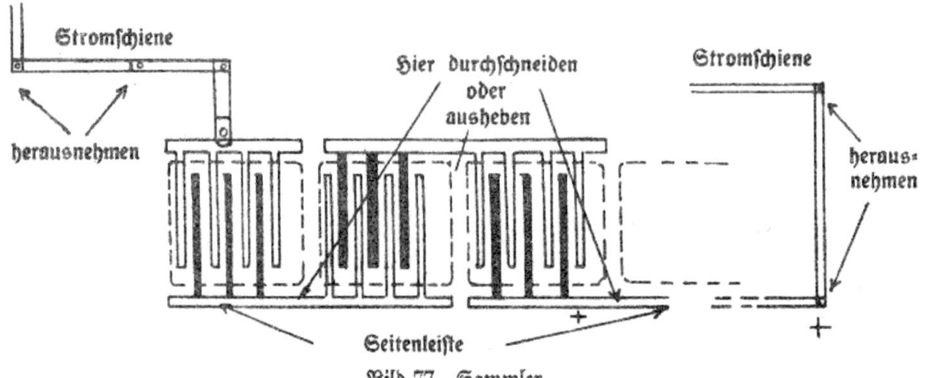

Bild 77. Sammler.

1. Transportable Sammler.

Sie stehen auf Holzgestellen neben- und übereinander.

Aus jeder Reihe einige Sammlerzellen ausbauen und sicherstellen.

Aus den Stromschienen oder Stromkabeln einige Stücke herausschrauben oder herausschneiden und sicherstellen.

2. Ortsfeste Sammler.

Aus mehreren nicht benachbarten Zellen Seiten- oder Mittelleiste schneiden oder zusammen mit den Bleiplatten herausheben und sicherstellen. Hierbei größte Vorsicht anwenden, weil bei größeren Anlagen viele Platten an einer Leiste hängen, so daß leicht Zerstörung eintritt. Ausgießen der Säure nur nach Entfernung und Sicherstellung aller Bleiplatten.

Vorsicht! Säuregefahr!

V. Leichtere Unterbrechungen von Funkanlagen.

A. Allgemeines.

85. Der Aufbau der Funkenbeanlagen, der Empfangs- und Verteilungsanlagen ist so verschieden, daß nur allgemeine Hinweise gegeben werden können.

Funkanlagen können nur vom Fachpersonal unterbrochen werden!

86. Schaltpläne, Bedienungsanweisungen, Beschriftung und Bezeichnungen sind grundsätzlich zu entfernen und sicherzustellen.

Schema einer Funkanlage.

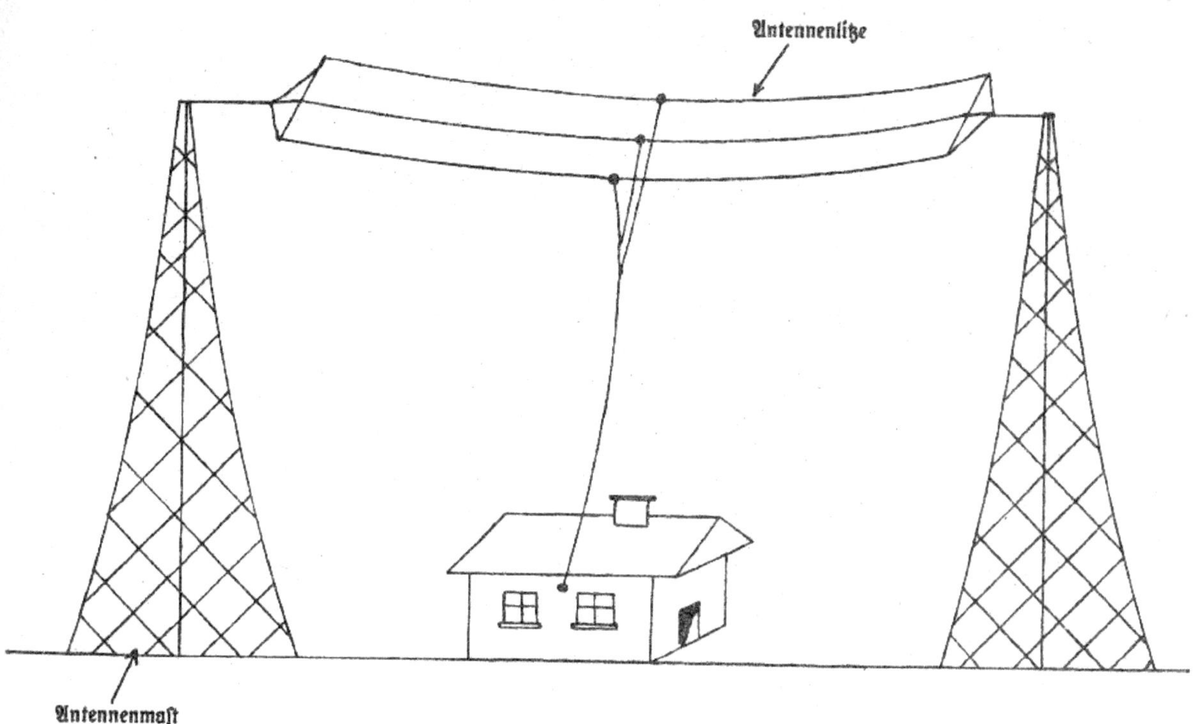

Bild 78a. Mastenanlage.

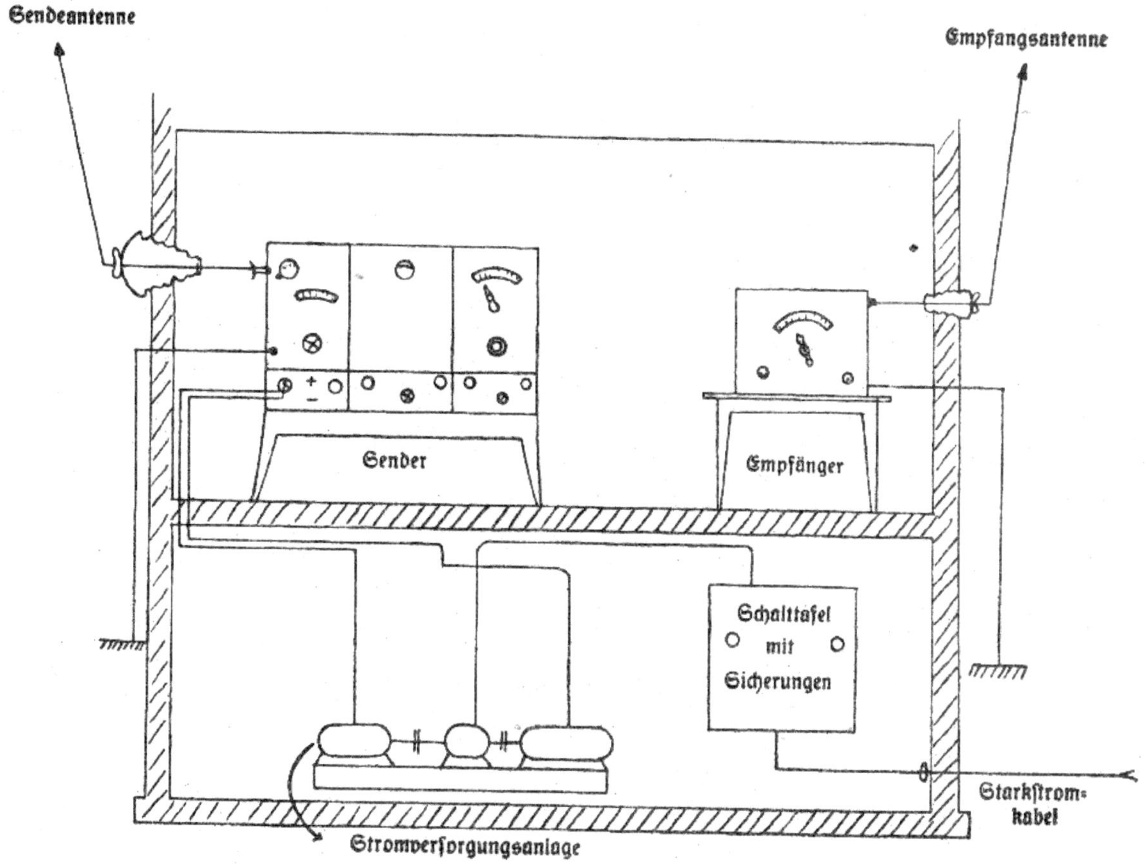

Bild 78b. Antennenanlage.

B. Leichtere Unterbrechungen von Funkstellen.

87.   **Entfernen der Röhren.**

a) im Sender einschl. Gleichrichterröhren (vgl. auch Bild);

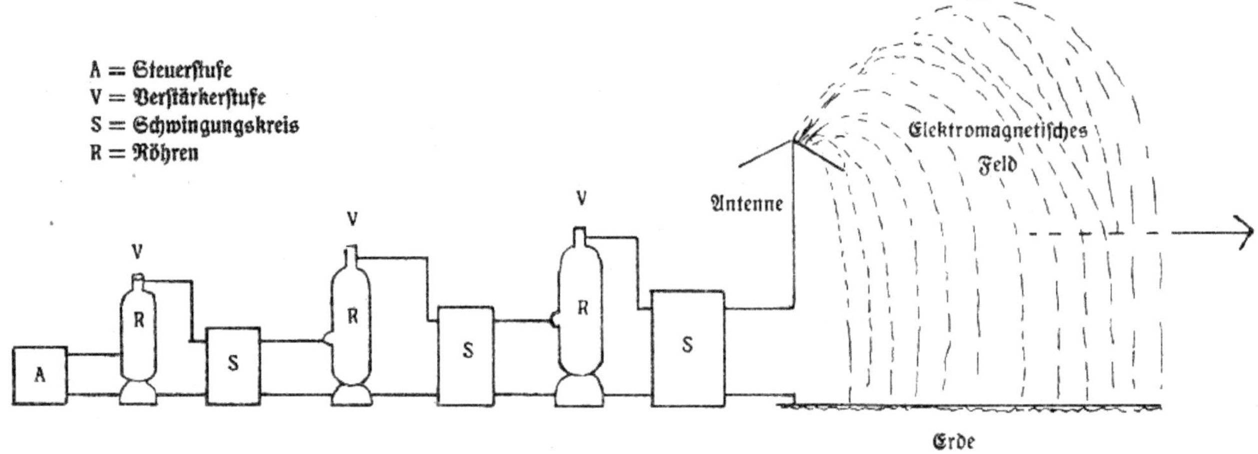

Bild 79. Aufbau eines Funksenders

b) im Empfänger;

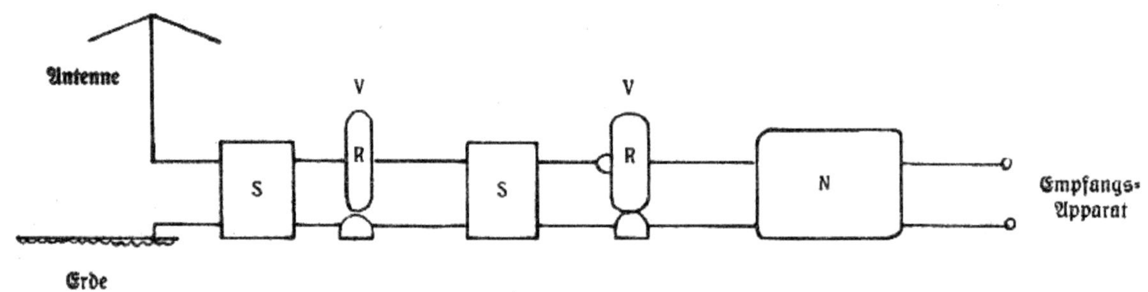

Bild 80. Aufbau eines Funkempfanggerätes.

S = Schwingungskreis   V = Verstärkerstufe   N = Niederfrequenzverstärker   R = Röhren

c) der Ersatzröhren für Sender und Empfänger.

88.   **2. Entfernen der Motoren, Röhren, Drehspulen und Relaissätze bei Hilfsapparaten (Maschinengeber, Morsebildschreiber).**

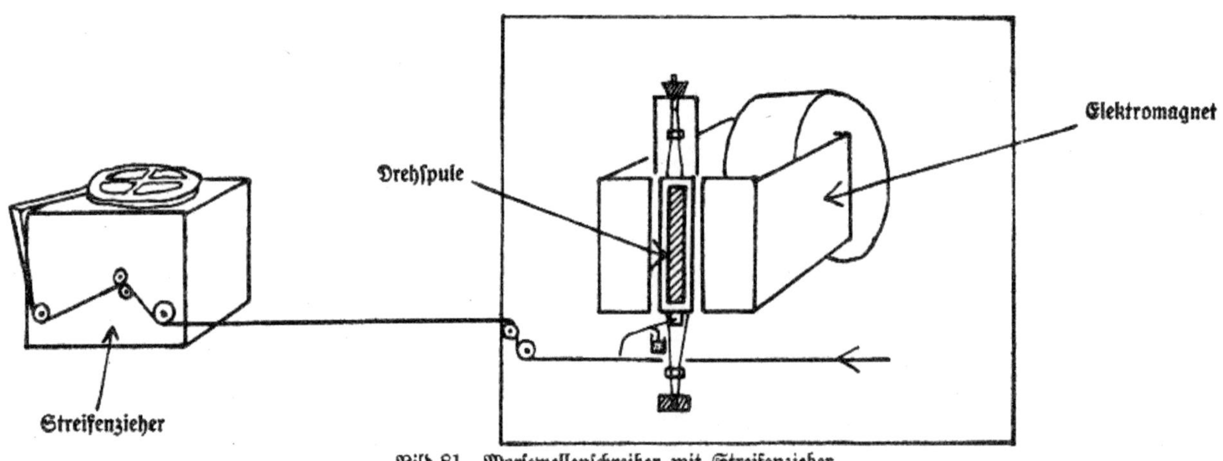

Bild 81. Morsewellenschreiber mit Streifenzieher.

89.

3. Entfernen der Sicherungen und Anschlußkabel.

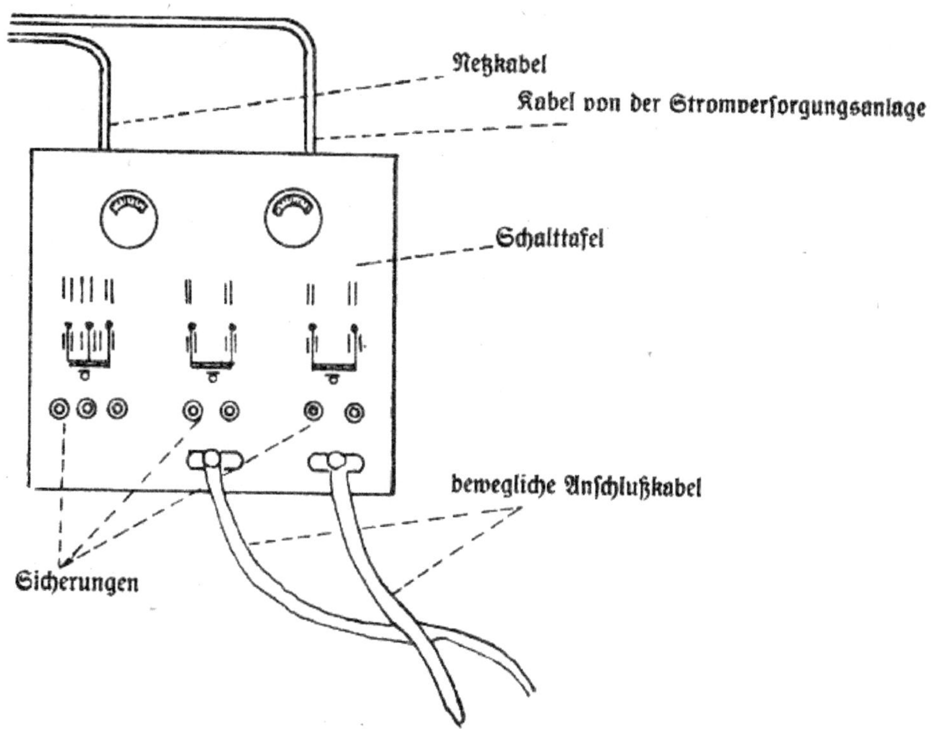

Bild 82. Anschlußkabel mit Sicherungen.

90.

4. Verstimmen der Neutralisationskondensatoren in den Verstärkerstufen.

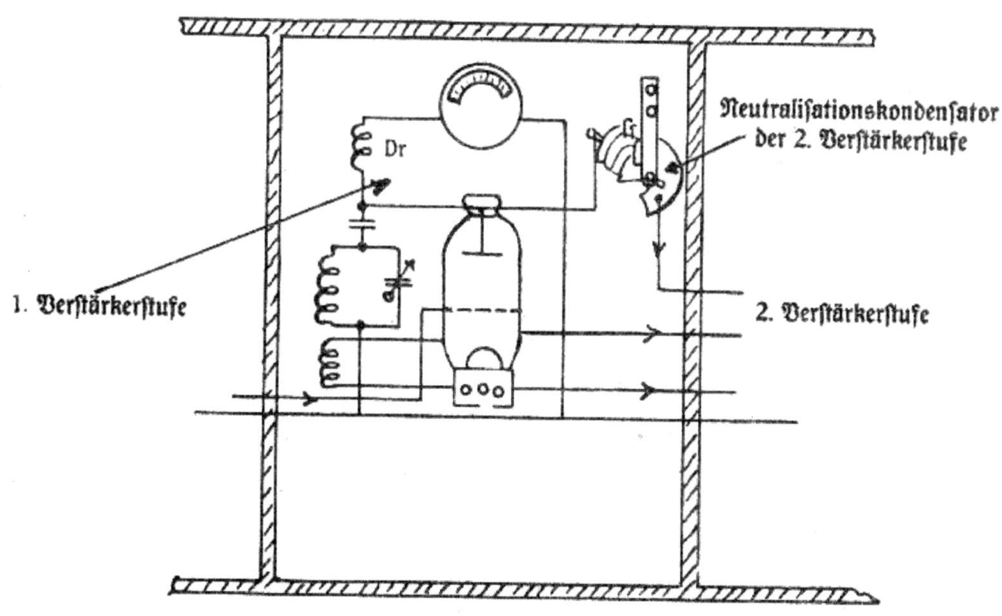

Bild 83. Ausschnitt aus einem mehrstufigen Sender.

91. **5. Verstellen der Gleichlaufeinrichtung mehrerer Schwungkreise.**

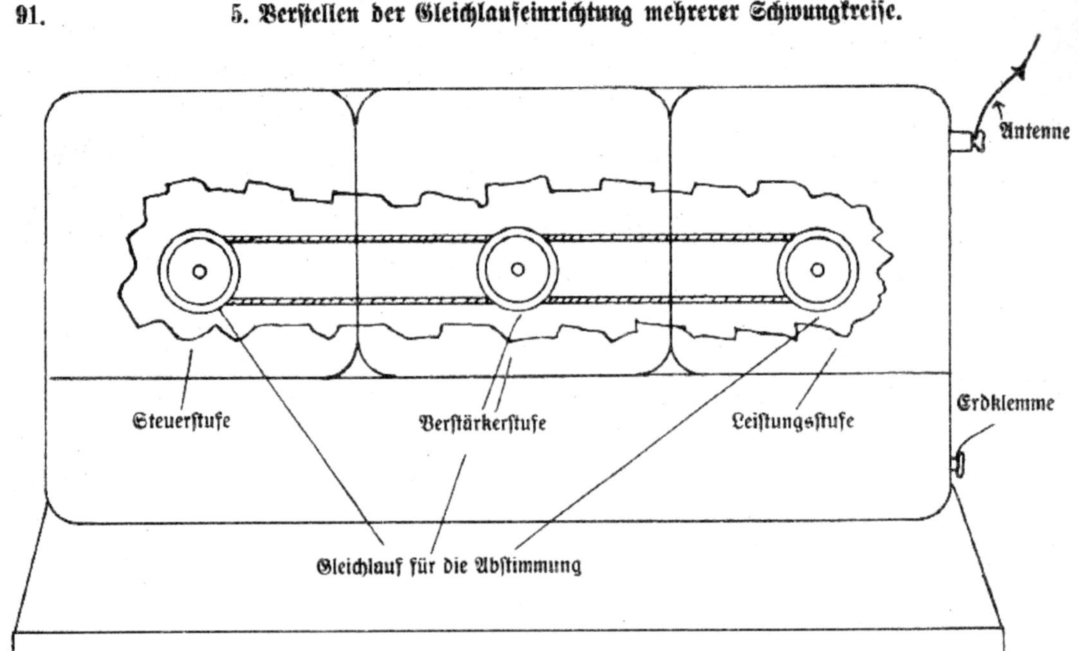

Bild 84. Rückseite eines mehrstufigen Senders.

C. Leichtere Unterbrechungen des Funktelegrafenbetriebes.

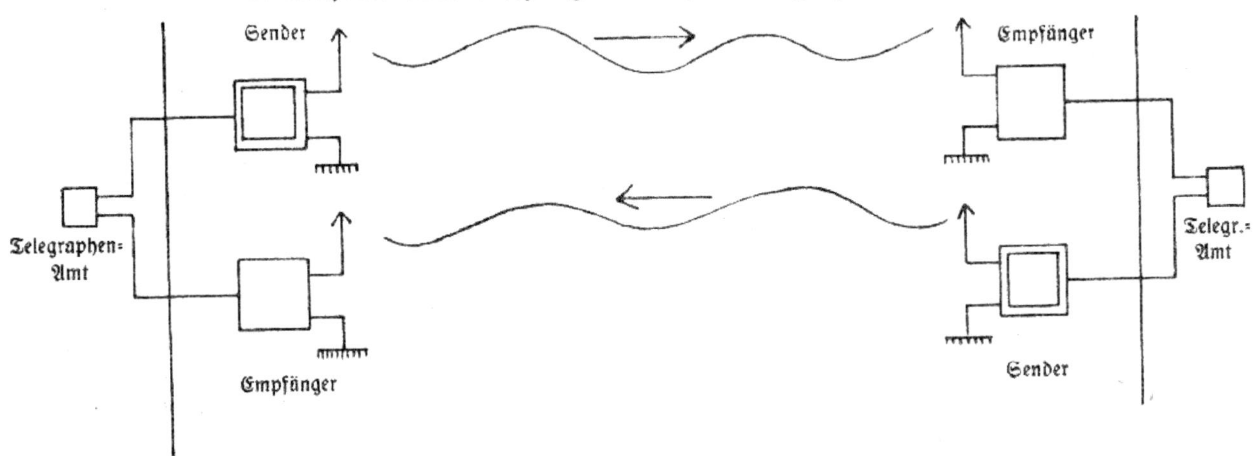

Bild 85. Schema des Funktelegrafenbetriebes.

92. Telegrafenamt, Sende- und Empfangsanlagen liegen **räumlich** getrennt.

Leichtere Unterbrechungen sind:

1. Im Telegrafenamt:

an allen **Sende**apparaten Motoren entfernen und sicherstellen;
an allen **Empfangs**apparaten Spulen und Gleichrichterröhren entfernen und sicherstellen.

2. An der Sendestation:

Röhren und bei Maschinensendern Anker entfernen.

3. An der Empfangsstation:

Röhren am Empfänger und Anker an den Stromversorgungsanlagen entfernen.
Das Entfernen der Sicherungen genügt nicht.

D. Leichtere Unterbrechungen von Funkverteilungsanlagen (Drahtfunk).

93. 1. Unterbrechen des Drahtfunksenders entsprechend Abschnitt B.

94. 2. Unterbrechen des Verteilungsnetzes:

a) Durch Unterbrechen der einzelnen Leitungen. Ein Schneiden oder verstecktes Abklemmen der Kabel genügt meist nicht (Hochfrequente Weitergabe der Nachrichten). Es muß meistens eine weitere Unterbrechungsart hinzutreten;

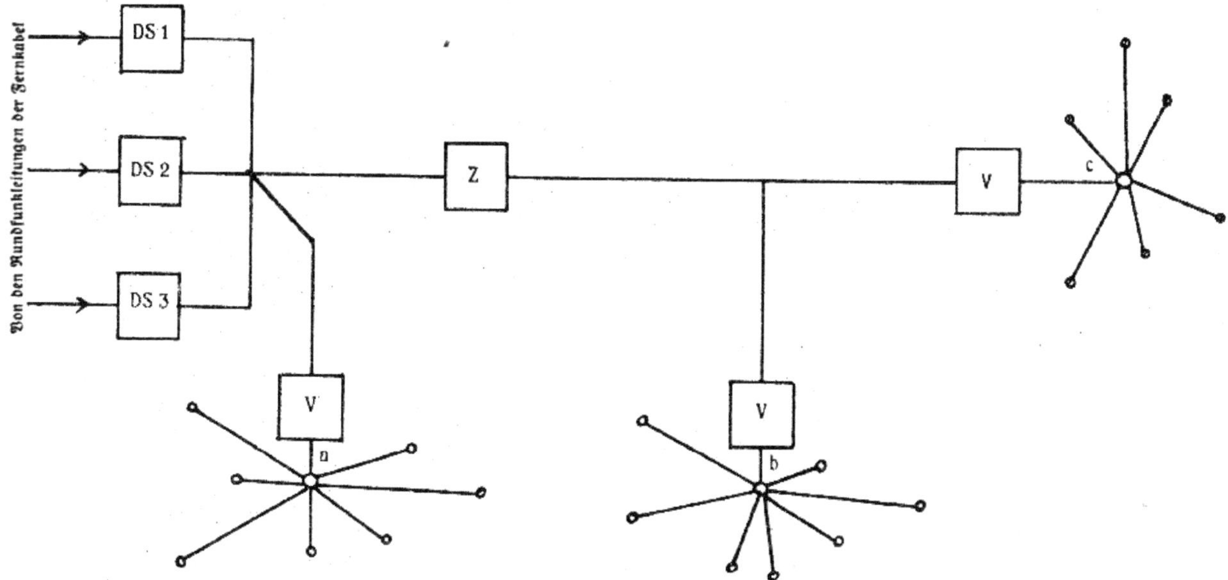

Bild 86a. Schema einer Funkverteilungsanlage.

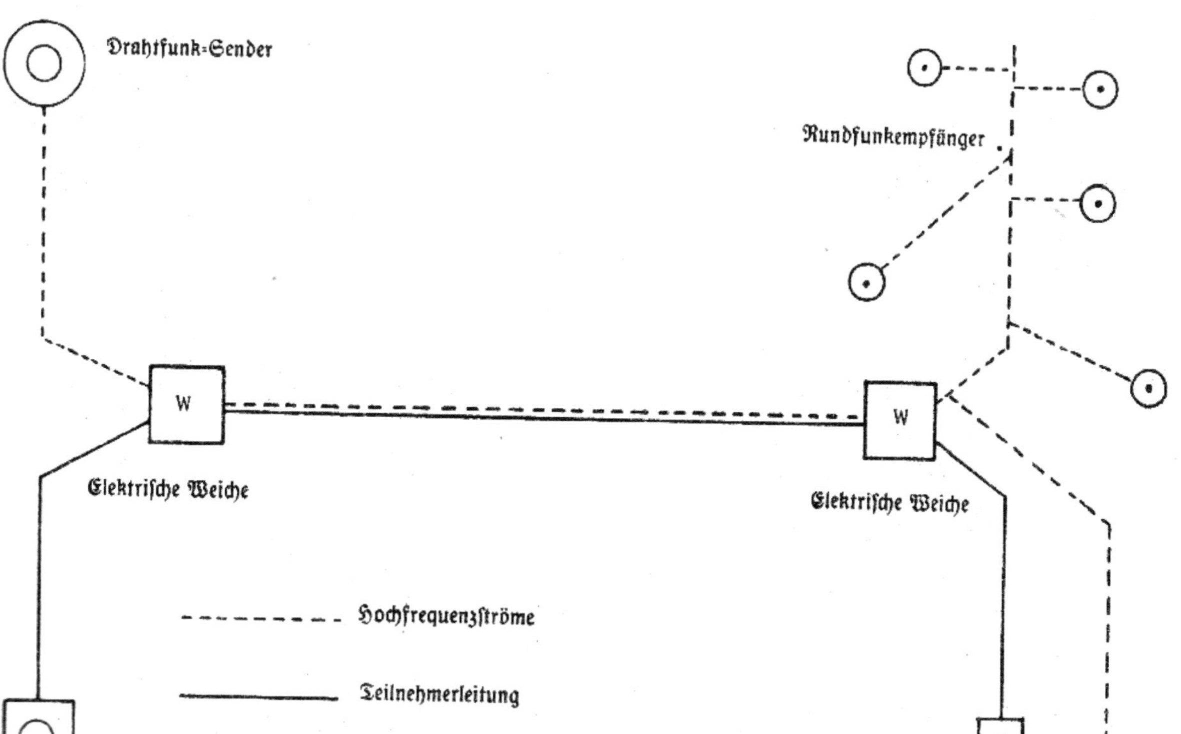

Bild 86b. Benutzung einer Fernsprechanschlußleitung für den Hochfrequenzdrahtfunk.

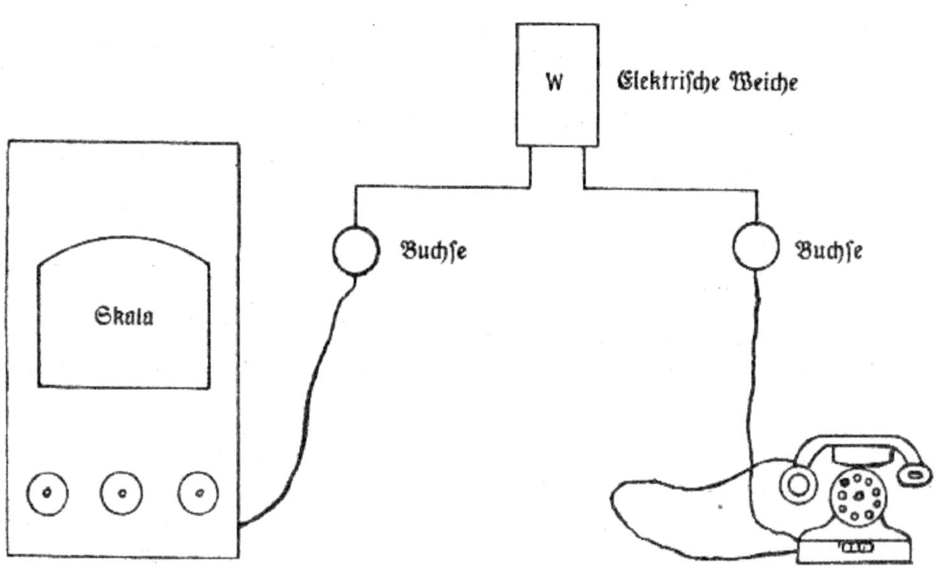

Bild 86 c. Teilnehmer mit Hochfrequenzdrahtanschluß.

b) durch Unterbrechen der elektrischen Weiche (Entfernen der Kondensatoren);

c) durch Einbau einer Sperre (H. F. = Drossel) in die elektrische Weiche.

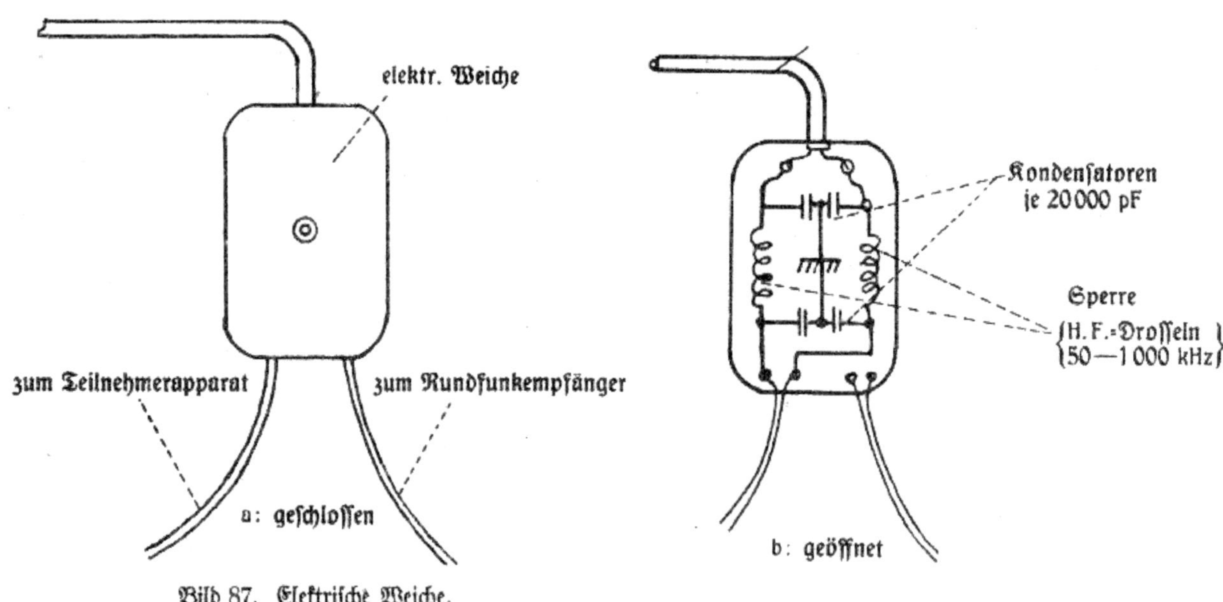

Bild 87. Elektrische Weiche.

Gründliche Unterbrechung (Zerstören) von Nachrichtenanlagen.

I. Allgemeines.

95. Nachrichtenanlagen werden gründlich unterbrochen (zerstört), wenn dem Feind das Ausnutzen solcher Anlagen in einem zu räumenden Gebiete unmöglich gemacht werden soll und wenn baldige Wiederinbesitznahme ausgeschlossen erscheint. Nachrichtenanlagen der Post und Eisenbahn werden durch die Nachrichtentruppe — im eigenen Lande möglichst unter Zuziehen des Personals der DRP bzw. DR Starkstromanlagen durch die Pioniere zerstört. Das Zerstören größerer internationaler Kabellinien wird vom OKW befohlen (vgl. Ziff. 36).

96. Fernleitungen (Freileitungs- und Kabellinien) als der wichtigste Teil der Nachrichtenanlagen für ein Führungsnetz sind in erster Linie zu zerstören. Vermittlungen, Verstärkerämter lassen sich zwar schnell gründlich zerstören, sind aber in kurzer Zeit durch fahrbare Einrichtungen zu ersetzen. Zerstörte Leitungen müssen stets neu gebaut werden.

97. Nachrichtenanlagen werden zerstört:

    1. durch Abbau der Anlagen und Zurückfahren des Geräts;

        Abbauen ist stets, soweit als möglich, durchzuführen, um einen möglichst großen Teil des Geräts für eigene Zwecke zu erhalten. Voraussetzung für das Abbauen ist, daß genügend Zeit vorhanden ist und der eigene Verkehr entsprechend dem Fortschreiten der Arbeiten eingeschränkt werden kann.

    2. durch Vernichten der Anlagen.

        Vernichtet sind Anlagen nur dann, wenn auch ihre Einzelteile nicht mehr verwendet werden können. Nach Möglichkeit sind auch hierbei wertvolle Teile vor dem Vernichten durch Abbauen zu bewahren.

98. Zerstören durch Abbau ist stets anzustreben. Vernichten kann notwendig werden, wenn die Änderung der Lage ein schnelles Zerstören fordert, der Abbau infolge zu schlechten Zustandes sich nicht lohnt oder bei fest eingebauten Geräten mit den vorhandenen Werkzeugen nicht möglich ist.

II. Zerstören von Leitungen.

99. Mit dem Zerstören von Leitungen sind besonders zusammengestellte Abteilungen zu beauftragen. Lastwagen zum Abfahren gewonnenen Geräts sind über die planmäßigen Fahrzeuge hinaus zuzuteilen. Eine Ausstattung mit Sonderwerkzeugen (vgl. Anhang) ist notwendig.

A. Freileitungen.

I. Abbau der Linienzüge.

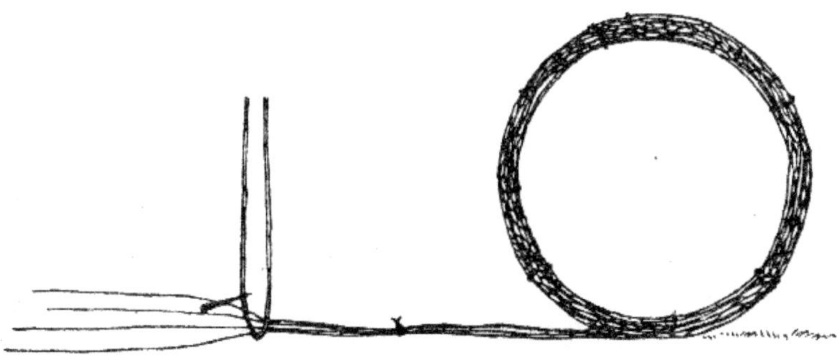

Bild 88. Aufrollen der Drähte.

1. Abbauen der Drähte.

100. Die Drähte werden von der Bindung gelöst, heruntergenommen und in Ringen aufgerollt. Um das Aufrollen zu erleichtern und zu beschleunigen, ist es zweckmäßig, die einzelnen Drähte vorher zusammenzubinden und auch im Ring je nach Bedarf beim Aufrollen zu bündeln. Die Drähte werden erst dann geschnitten, wenn der Ring nicht mehr zu handhaben ist.

Verlohnt sich der Abbau der Drähte nicht, so werden sie unmittelbar zu beiden Seiten der Isolatoren geschnitten. Die einzelnen Drahtenden müssen beseitigt oder noch mehrmals zerschnitten werden.

2. Abbauen der Stangen.

101. Einfache Stangen werden von Drähte, Streben und Ankern frei gemacht und aus der Erde gehoben. Die Hebelwirkung wird um so größer, je näher die Unterlage an der Stange liegt. Hierbei wird zweckmäßig durch ein Seil die Fallrichtung der Stange bestimmt.

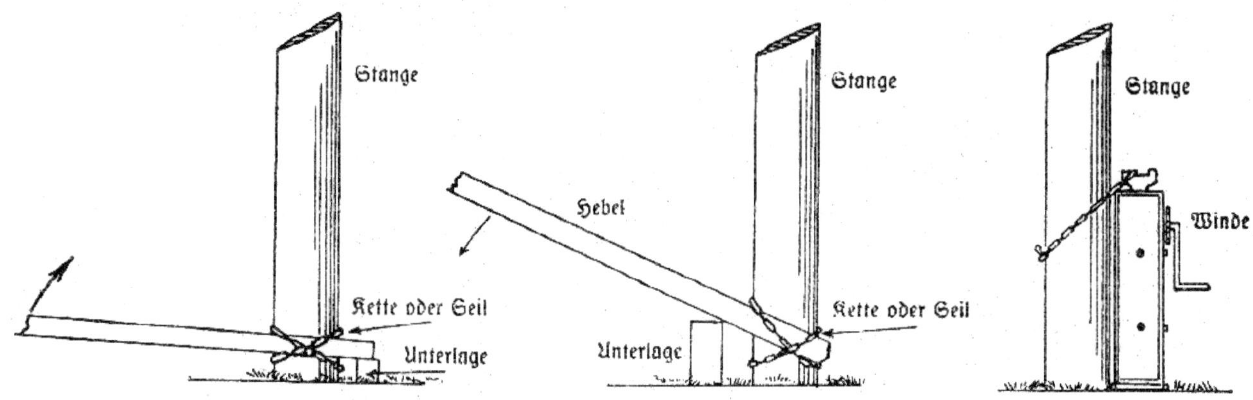

Bild 89. Ausheben von Stangen.

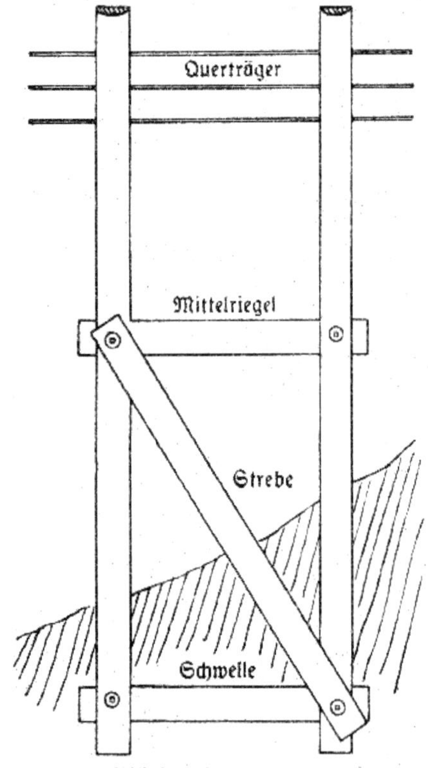

Bild 90. Doppelstangen.

Doppelstangen müssen zum Abbauen ausgegraben und auseinandergenommen werden. Der Abbau ist daher sehr zeitraubend, meist überhaupt nicht möglich.

II. Vernichten der Linienzüge.

102. Vernichtet werden Linienzüge durch Zerstören der Stangen, Herausschneiden der Drähte, Zerschlagen der Isolatoren, Zerschneiden oder Entfernen der Querträger. Was nicht zerstört werden kann, ist zu beseitigen (eingraben, in Wasserläufe versenken) oder zur Wiederverwendung zurückzuführen.

Vor dem Ausführen der Arbeiten empfiehlt es sich, den Pionieren Teile des zu vernichtenden Linienzuges für ihre Zwecke anzubieten. Gegebenenfalls ist das Umlegen des Linienzuges Sache der Nachrichtentruppe; für die Abbeförderung oder Beseitigung angeforderter Teile übernehmen die Pioniere die Verantwortung.

1. Umlegen des Gestänges.

103. Zum Vernichten ist das Gestänge zunächst umzulegen. Hierzu müssen Verstärkungs- und Sicherungs-mittel entfernt werden. Das Umlegen beginnt zweckmäßig in den Winkelpunkten der Linie, um den Seitendruck der Drähte auszunutzen. Sind Winkelpunkte im Linienzuge nicht vorhanden, so kann man zum Umlegen des Gestänges den Längsdruck des Drahtzuges ausnutzen. Dieser entsteht, wenn innerhalb der Linie ein Feld herausgeschnitten wird.

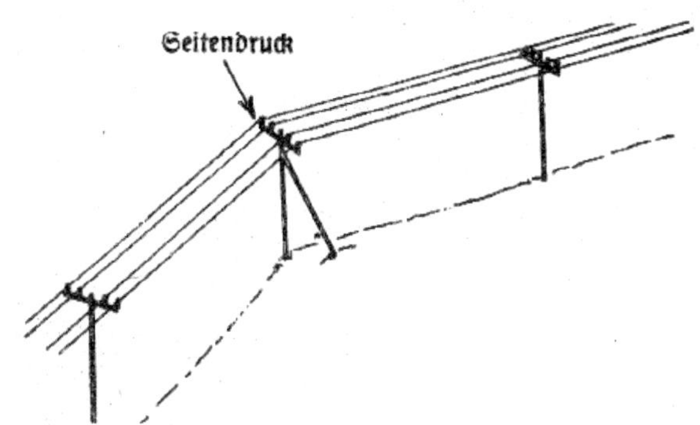

Bild 91. Umlegen des Gestänges an einem Winkelpunkt.

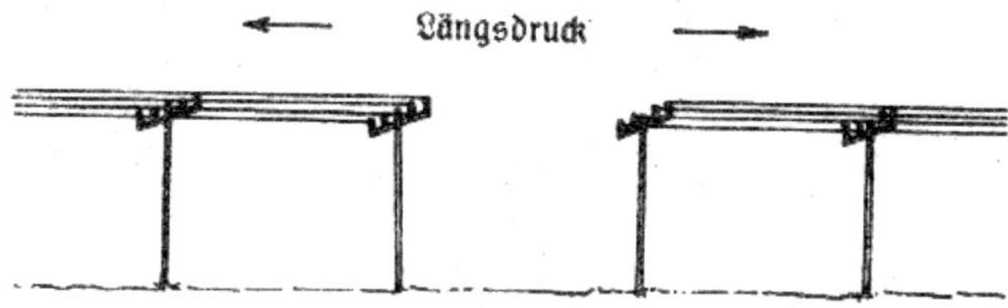

Bild 92. Umlegen des Gestänges an einem geraden Linienzug.

Bei stark belasteten Gestängen wird oft schon das Entfernen von Streben und Ankern oder das Schneiden von Drähten genügen, um einzelne Stangen zum Umfallen zu bringen.

104. Beim Umlegen von Stangen ist darauf zu achten, daß die Stangenstümpfe nicht mehr zum Auf-stellen von neuen Stangen (durch Anlaschen) verwendet werden können. Deshalb sind Telegrafen-stangen beim Zerstören von Leitungen unmittelbar über dem Erdboden abzusägen.

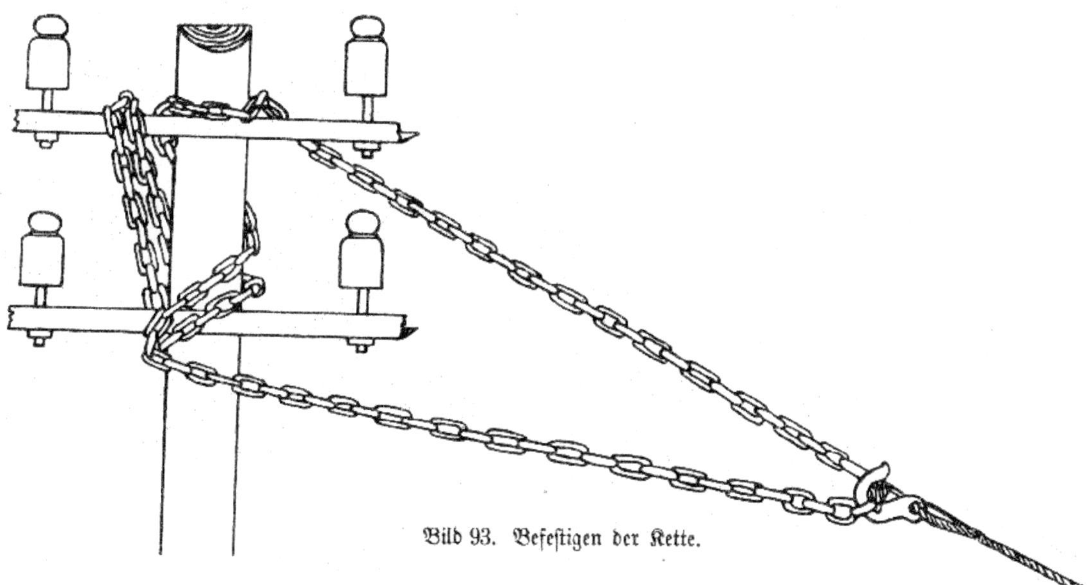
Bild 93. Befestigen der Kette.

105. a) Umreißen mit Kraftfahrzeug.

Nach dem Beseitigen der Streben und Anker wird nach Bild 93 eine Kette möglichst hoch oben an die Stange gelegt, hieran ein Zugseil befestigt und an dessen anderen Ende ein genügend schwerer Kraft-wagen angespannt.

Zu beachten ist, daß der Zug rechtwinklig zur Linie angesetzt wird und der Kraftwagen genügend festen Untergrund (Straße oder Feldweg) und Auslauf hat. Notfalls muß mit Spill gearbeitet werden.

Die Wirkung wird erhöht, wenn mindestens jede zweite Stange auf der der Zugrichtung abgewandten Seite angehackt oder angesägt ist und weitere Stangen, die Widerstand leisten, während des Zuges angehackt oder angesägt werden, bis die Gegenkräfte des Drahtzuges die Zugkraft des Kraftwagens übersteigen. An diesen Stellen, die nach der Stärke des Linienzuges verschieden sind, werden die Drähte geschnitten und das Gestänge vollständig umgezogen.

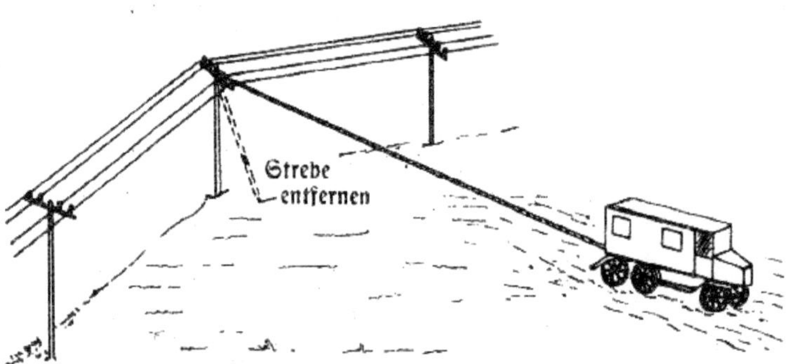

Bild 94. Ansetzen des Kraftwagens.

106. Bei Doppelstangen ist das Ansetzen in Richtung des Linienzuges wirksamer. Es ist sinngemäß nach Ziffer 105 auszuführen. Jedoch werden je nach der Größe des Linienzuges sehr bald die Gegenkräfte des Drahtzuges zu groß, die Bindungen nicht halten, und die Drähte vorzeitig reißen.

Weitere Arbeiten an den umgelegten Stangen nach Ziffer 104.

b) Umsägen der Stangen.

107. Stangen, die unter Seiten- oder Längsdruck (Ziffer 103) stehen, werden auf der dem Drahtzug entgegengesetzten Seite angesägt. Meist genügt schon das Durchschneiden einiger Holzfasern, um die Stange unter dem Gewicht der Drähte abbrechen zu lassen.

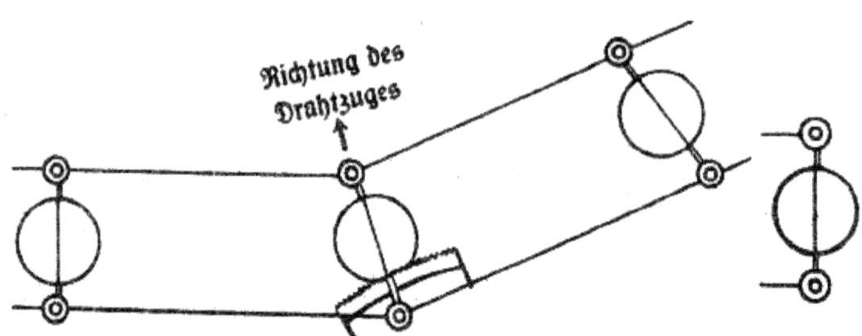

Bild 95. Ansetzen der Säge bei Seitendruck.

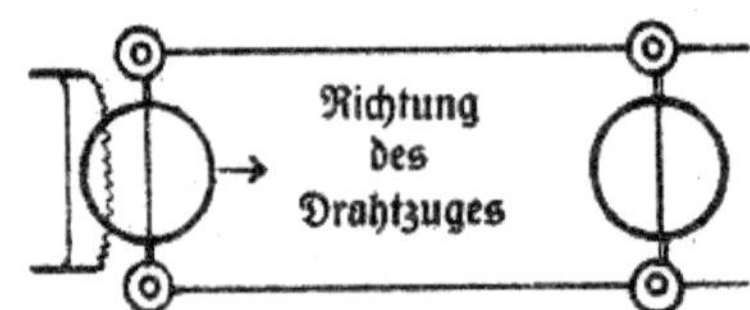

Bild 96. Ansetzen der Säge bei Längsdruck.

Liegt kein ausgesprochener einseitiger Druck auf der Stange, so ist auf der Seite, nach der die Stange fallen soll, eine Fallkerbe einzuhacken oder einzusägen. Klemmt das Sägenblatt, so wird mit einem Keil der Schnitt auseinandergetrieben.

Die Arbeiten sind sehr zeitraubend, wenn sie mit Handsägen ausgeführt werden müssen.

108. c) **Abhacken der Stangen.**

Das Abhacken wird sinngemäß wie das Sägen ausgeführt. Der Zeitbedarf ist größer als beim Sägen.

Stehen Axt und Säge zur Verfügung, so wird die Fallkerbe mit der Axt eingeschlagen und die entgegengesetzte Seite eingesägt.

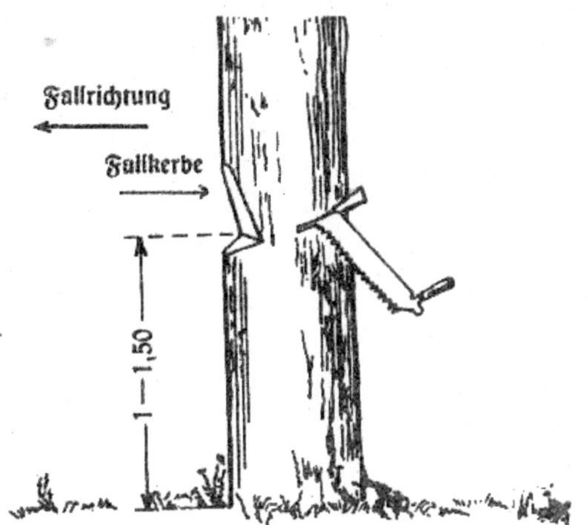

Bild 97. Fallrichtung bestimmt durch Fallkerbe.

Bild 98. Umhacken der Stange.   Bild 99. Benutzen von Axt und Säge.

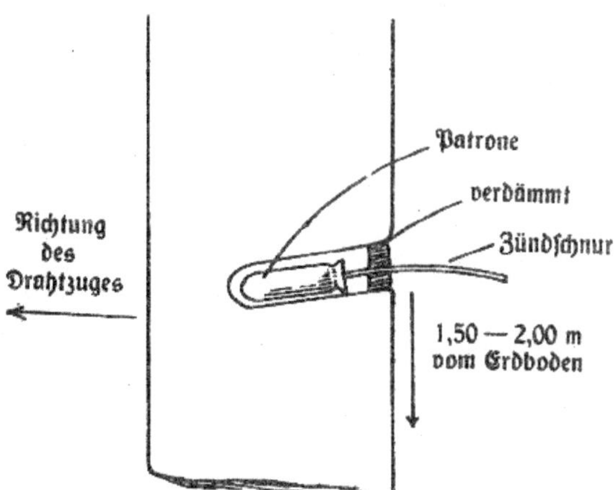

Bild 100. Sprengen mit Romperitpatrone.

109. d) **Sprengen der Stangen.**

aa) mit Romperitpatrone.

Die Stange wird auf der beabsichtigten Fall- oder Zugrichtung entgegengesetzten Seite angebohrt, die Romperitpatrone nach Bild 100 eingesetzt und verdämmt.

110. bb) mit Sprengladung bzw. Handgranate.

Auf einer Seite wird die Stange abgeflacht, die Sprengladung mit Draht und Keil befestigt. Da ein Teil der Sprengladung verlorengeht, muß stets eine verhältnismäßig große Sprengladung angebracht werden.

Anzahl der Romperitpatronen und Größe der Sprengladung richtet sich nach der Stärke der Stangen.

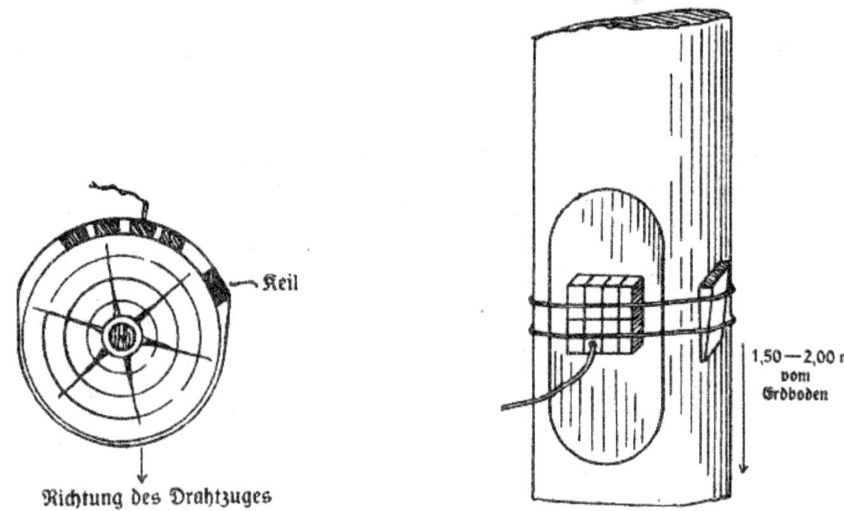

Bild 101. Sprengen mit Sprengladung.

111. Zum Umlegen des Gestänges durch Sprengen muß eine größere Zahl von Stangen möglichst gleichzeitig gesprengt werden. Einzeln gesprengte Stangen, besonders bei großen Gestängen, bleiben in den Drähten hängen.

Das Sprengen von Stangen ist wegen der erheblichen Vorbereitungsmaßnahmen und des Materialbedarfs auf Ausnahmefälle zu beschränken. Zweckmäßig wird es angewendet, wenn ein Gestänge bis kurz vor der Zerstörung benutzt werden soll.

e) Abbrennen der Stangen.

112. Das Abbrennen stehender Stangen dauert lange und ist unzuverlässig. Umgebrochene Stangen können zu mehreren zusammengetragen, mit Brennstoff übergossen und verbrannt werden; auch hierbei ist die Wirkung sehr unsicher.

2. Zerschlagen der Isolatoren.

113. Beim Zerschlagen der Isolatoren ist zu beachten, daß in erster Linie das Drahtlager zerschlagen werden muß.

102a. Drahtlager
am Doppelglockenisolator.

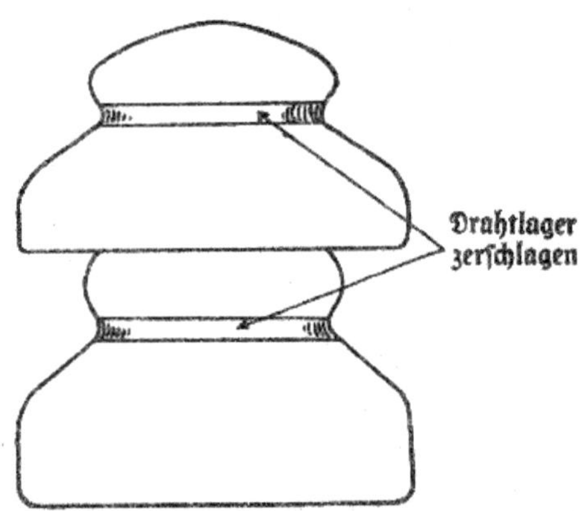

Bild 102b. Drahtlager am Doppelglockenisolator
mit doppeltem Halslager.

3. Zerschneiden der Querträger.

114. Querträger können mit einem Schweiß- und Schneidapparat zerschnitten werden. Sie müssen wenigstens einmal an dem der Stange am nächsten liegenden Isolator geschnitten sein.

Behelfsmäßig und nur unvollkommen ist das Zusammenschlagen und Verbiegen mit einem schweren Hammer.

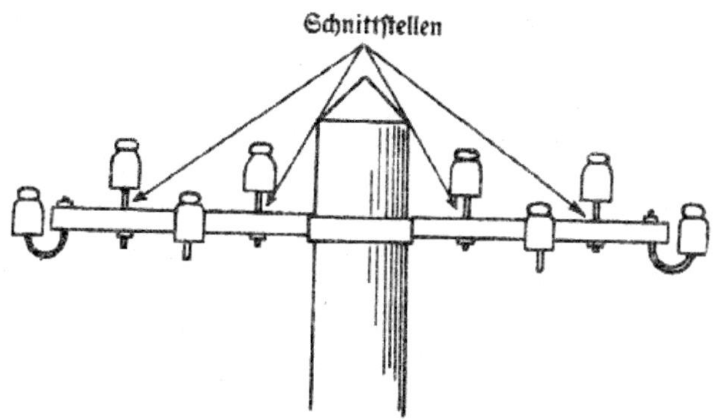

Bild 103. Zerschneiden von Querträgern.

B. Kabelleitungen.

I. Abbau von Kabellinien.

115. Das Abbauen von Luftkabel ist stets anzustreben. Hierzu wird das Kabel zusammen mit dem Trageseil abgenommen, am Boden aus den Tragringen genommen und auf Trommeln aufgerollt.

Röhrenkabel lassen sich nach Ziffer 118 abbauen. Das Kabel wird dabei meist so beschädigt, daß es nur zur Gewinnung des Rohmaterials verwendbar ist.

Das Abbauen von Erdkabel ist meist nicht möglich, da das Ausgraben des Kabels zuviel Zeit beansprucht.

II. Zerstören von Kabellinien.

116.

1. Zerstören von Kabel.

a) Luftkabel.

Bei Luftkabeln werden einzelne Felder herausgeschnitten und entfernt.

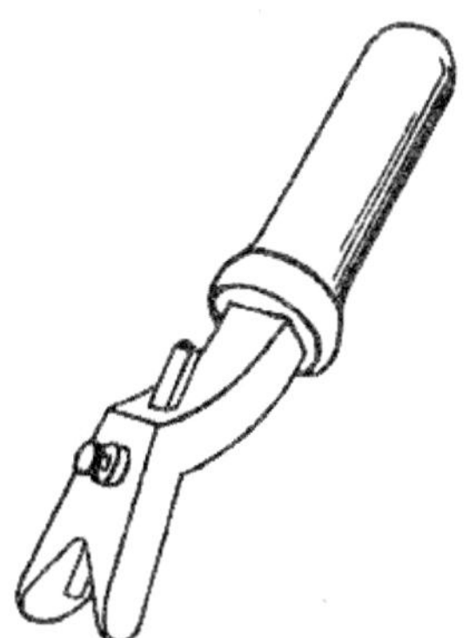

In eiligen Fällen kann der Bleimantel angeschnitten (Bild 105) oder mit Schrot (Jagdpatronen) beschossen werden. Durch die schadhaften Stellen des Mantels bringt die Feuchtigkeit ein und zerstört allmählich das Kabel. Wird das Kabel in der Feldmitte angeschnitten oder angeschossen, so sind die Fehler schwer auffinbar.

Das Zerstören der Stangen ist nach Ziffer 104 durchzuführen.

Bild 104. Kabelschlitzmesser zum Aufschneiden des Bleimantels.

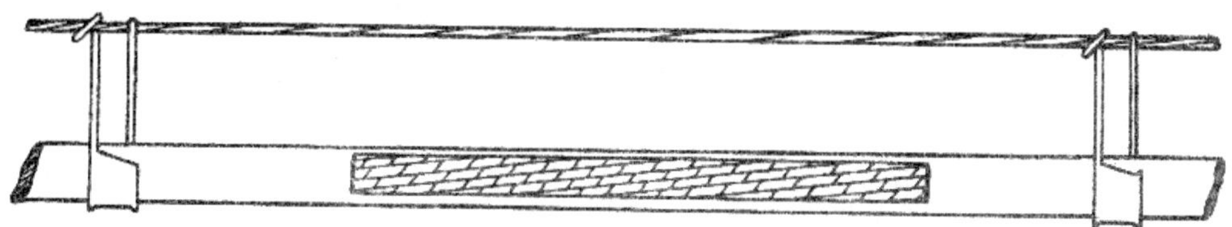

Bild 105. Aufschneiden des Luftkabels.

b) Röhrenkabel.

117. Trennen und Ersäufen des Kabels.

Röhrenkabel werden in Kabelschächten mit Zangen, Äxten oder Metallsägen getrennt, und zwar möglichst tief im Formstück, so daß keine Enden für Spleißarbeiten zugänglich sind.

Sehr wirksam ist die zusätzliche Zerstörung durch Wasser, möglichst gemischt mit Sammlersäure oder Lauge. Die Feuchtigkeit bringt in das aufgeschlagene Kabelende ein und wird von der Papierisolation aufgesaugt. Das Kabel wird dadurch allmählich auf große Strecken zerstört.

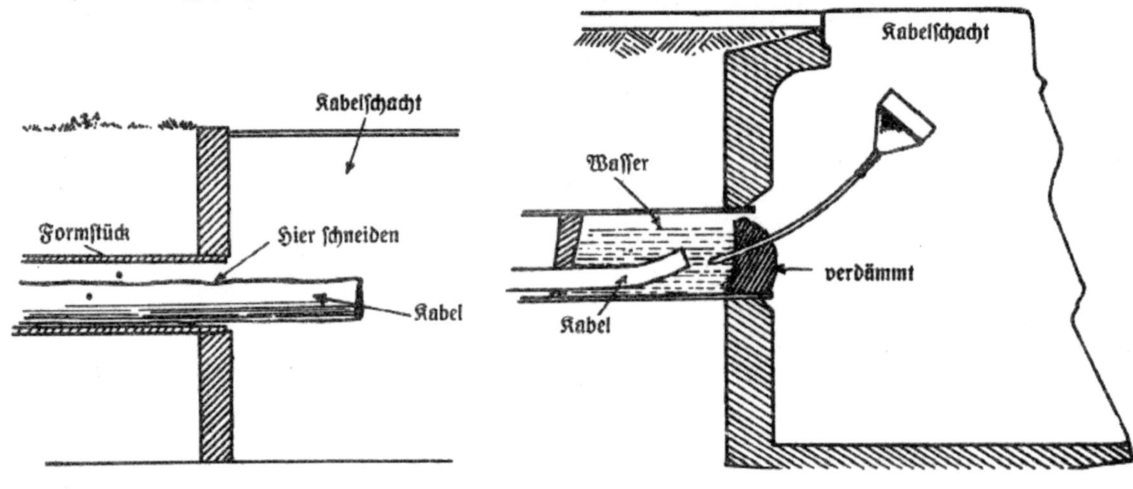

Bild 106. Trennen des Kabels im Formstück.

Bild 107. Zerstören durch Wasser.

118. Entfernen einzelner Kabellängen.

Zum Entfernen einzelner Kabellängen wird das Kabel in zwei aufeinanderfolgenden Schächten getrennt, an einem Kabelende ein Ziehstrumpf mit Zugseil befestigt und die Länge mit einem Kraftwagen herausgezogen.

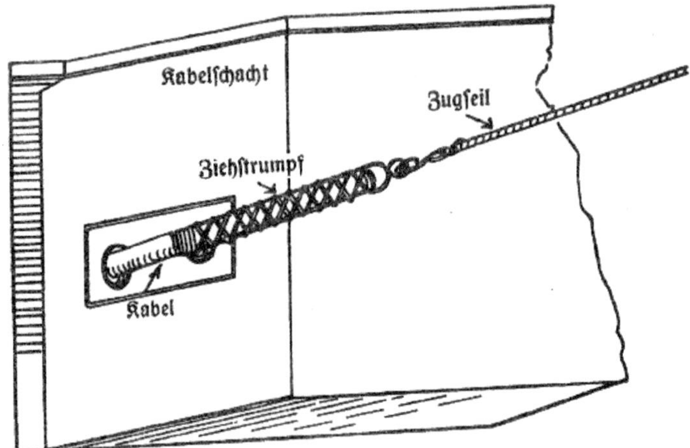

Bild 108. Herausziehen von Röhrenkabel mit Ziehstrumpf und Zugseil.

c) Erdkabel.

119. Erdkabel wird wie beim Unterbrechen (vgl. Ziffer 39) freigelegt und durchgesägt. Die Aufgrabung wird so wieder zugemacht, daß sie sich von der Umgebung nicht abhebt. Die Bodenfeuchtigkeit zerstört das Kabel allmählich. Zur Beschleunigung des Zerstörungsvorganges kann das Kabel vorher mit Wasser übergossen werden.

Ist der Verlauf des Kabels genau bekannt, so kann man auch in eiligen Fällen ein Bohrloch bis zum Kabel in die Erde treiben und das Kabel z. B. mit einem Pfahleisen durchstoßen oder sprengen.

2. Zerstören an Einführungen.

120. An Einführungen in Linienverzweigern, Kabelverzweigern, Endverzweigern und Überführungs-
endverschlüssen (vgl. Ziffer 40ff.) sind die Kabel stets dicht an der Einführung oder den Kabelstutzen
zu trennen, damit keine Spleißarbeiten durchgeführt werden können.

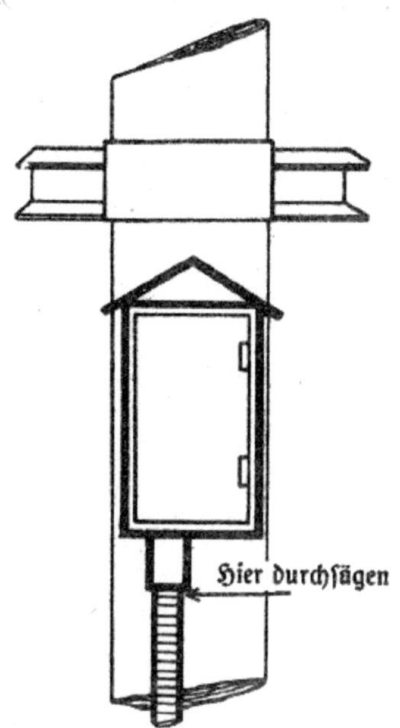

Bild 109. Zerstören des Kabels am ÜEVs.

3. Zerstören an den Druckluftstutzen.

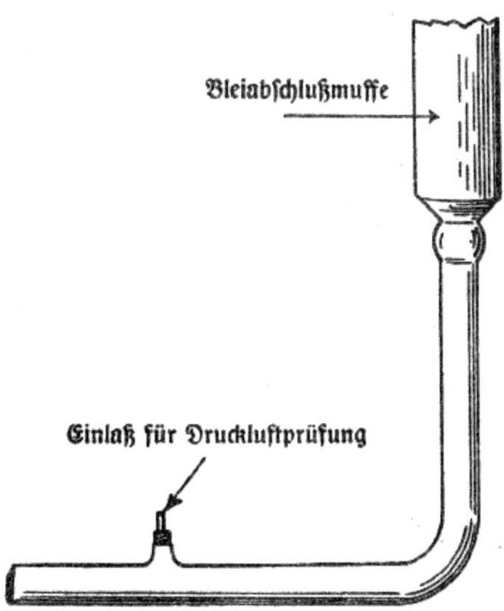

Bild 110. Druckluftstutzen des Kabels.

121. Sind in den Kabeln — meist im Kabelkeller der Ämter — Druckluftstutzen angebracht, so kann
in diese Flüssigkeit eingefüllt gegebenenfalls mit der Druckluftanlage weiter in das Kabel hineingepreßt
werden.

Diese Art der Zerstörung ist äußerlich nicht zu erkennen.

III. Gründliche Unterbrechung (Zerstören) von Sprechstellen, Vermittlungen usw.

(Zum Vergleich sind die Bilder der entsprechenden Abschnitte für leichtere Unterbrechungen heranzuziehen).

A. Zerstören von Sprechstellen.

122. 1. Zerschlagen des Apparatgehäuses. Die Wirkung der Schläge muß sich bis auf die inneren Teile (Induktor, Sprechspule, Wecker usw.) erstrecken.

2. Zerschlagen des Sicherungskästchens oder der Trenndose.

B. Zerstören von Vermittlungen.

I. Allgemeines.

123. Das wirksamste Mittel ist das Abbrennen oder Sprengen des ganzen Gebäudes. Soll die Zerstörung des Gebäudes vermieden werden, so können Einzelsprengungen vorgenommen werden (Sprengmunition oder geballte Ladung von Handgranaten). Soll die Zerstörung ohne Raumbeschädigung erfolgen oder stehen Sprengtrupps nicht zur Verfügung, so kommt nur die mechanische Zerstörung in Betracht.

II. Zerstören der Kernstücke.

124. Ist gleichzeitiges Arbeiten mehrerer Trupps nicht möglich, so sind die Kernstücke, dann erst die eigentlichen Betriebsapparate zu zerstören. Die Reihenfolge ist dann:

1. **Zerstören der Abschlußmuffen** und der Kabelhochführung im Kabelkeller durch Sprengen, Zerschlagen oder Zerschneiden.

2. **Zerstören der Batterieanlage.**

   Vorsicht! Große Stromstärke! Säure! Batterien vor Beginn ausschalten.

   a) Herausschlagen oder Zerschneiden der Mittel- oder Seitenleiste oder

   b) Herausheben zusammen mit den Bleiplatten,

   c) Zerschneiden der Stromschiene oder -Kabel,

   zuletzt: d) Zerschlagen der Gefäße und Auslaufenlassen der Säure

   dabei Vorsicht!

3. **Zerstören der Maschinenanlage.**

   Vorher: Ausschalten durch Herausnehmen der Hauptsicherung!

   Einstreuen von Sand in die gleitenden Teile. Zerschlagen meist sehr zeitraubend.

4. **Zerstören der Schalttafeln.**

5. **Zerstören der Verteiler.**

   Herausreißen aller Drahtverbindungen. Zerschlagen der Gestelle.

III. Zerstören der Betriebseinrichtungen.

125.

1. **In Handvermittlungen.**

   Herausreißen der Schnurpaare, Zerschlagen der Schränke.

2. **In Wählervermittlungen.**

   a) Zerschlagen der Wähler, mindestens einer Wahlstufe (z. B. **aller** I. G. W.) durch Schläge auf das Triebwerk der Wähler oder der Relaissätze.

   b) Zerschlagen der Gestellverkabelung.

IV. Zerstören der Fernschreibvermittlungen.

126.

Wie Vermittlungen.

C. Zerstören von Verstärkerämtern.

127.
a) durch Zerschlagen der Kernstücke und sämtlicher Röhren und der Meßeinrichtungen,

b) durch Zerschneiden der Kabel,

c) durch Zerschlagen der Gestelle.

D. Zerstören von Telegrafenämtern.

128.

Wie Vermittlungen.

E. Zerstören von Funkanlagen

129.
werden sinngemäß entsprechend Abschnitt B. durchgeführt.

Wertvolle Teile, die leicht herauszunehmen und zu befördern sind, sind möglichst zu bergen.

1. Zerstören der Funksendeanlagen:

a) Sprengen der Masten,

b) Beseitigen der Antennen, Zerschlagen der Isolatoren,

c) Zerstören der Meßinstrumente,

d) Zerschlagen von Röhren, Abstimmspulen, Kondensatoren.

2. Zerstören der Empfangsanlagen: wie zu 1.

3. Zerstören des Funktelegrafenbetriebes:

Zerstören der Stromversorgungsanlagen, sonst wie zu 1.

4. Zerstören von Funkverteilungsanlagen:

a) Zerschlagen der Abstimmorgane und Röhren der Sender, Empfänger und Verstärker,

b) Zerschneiden der abgehenden Kabel,

c) Zerstören der elektrischen Weiche,

d) Zerstören der Antennenanlagen, Beseitigen des Materials.

Ausstattung mit Sonderwerkzeugen.

Stahldrahtseil	
Seilklemmen	zum Herstellen von Ankern, Sichern des Ge-
Ankerkauschen	stänges bei herausgeschnittenen Feldern, Her-
Ankerhaken	stellen eines Zugseils beim Umreißen des Ge-
Spannschlösser	stänges.
Strebenbolzen	zum Befestigen der Streben an Stangen bei
Strebenschrauben	herausgeschnittenen Feldern.
Drahtschere, große	zum Zerschneiden von Drahtseilankern.
Axt, große	
Motorsäge	
Schrotsäge	zum Umlegen und Zerschneiden der Stangen.
Spannsäge	
Vorschlaghammer	
Schrotmeißel	zum Entfernen und Zerstören der Querträger.
Schweißapparat, großer	
Eisensäge	zum Zerschneiden von Kabeln und Querträger.
Holzhammer	zum Zurückschlagen der Kabeladern und Zu-
	schlagen des Bleimantels.
Lötgerät, großes	für Kabelarbeiten.
Kabelschlitzmesser	zum Entfernen des Bleimantels der Kabel.
Ziehstrumpf	zum Herausziehen von Röhrenkabel.